RUINA DE LA DEMOCRACIA, ELECCIÓN PRESIDENCIAL Y MOMENTO
CONSTITUYENTE EN 2024

Colección de Crónicas constitucionales para la memoria histórica, Biblioteca Allan R. Brewer-Carías, Universidad Católica Andrés Bello, Caracas

1. Allan R. Brewer-Carías, *Mis aportes a la Constitución de 1999. Con las propuestas, observaciones y votos salvados negativos formulados durante los debates ante la Asamblea Nacional Constituyente en 1999*, 2023, 724 pp.

2. Allan R. Brewer-Carías, *Las vicisitudes del inútil y distractivo referendo consultivo y la defensa de los derechos de Venezuela sobre el Territorio Esequibo*, 2023, 332 pp.

3. Allan R. Brewer-Carías, *Sobre la militarización de la política en Venezuela. Un mal que nos acecha desde la Independencia. Algunos escritos*, 2023, 310 pp.

4. Allan R. Brewer-Carías, *El Juez Constitucional y la aniquilación del Estado democrático. Algunas claves "explicativas" encontradas en una Tesis "secreta" hallada en Zaragoza.* 2024, 546 pp.

5. Allan R. Brewer-Carías, *Crónica constitucional de un falso gobierno 2011-2013. Supuestamente comandado desde una cama de hospital en La Habana*, 2024, 270 pp.

6. Allan R. Brewer-Carías, *Crónica constitucional del sofocamiento del Poder Legislativo 2016-2020*, 2024, 834 pp.

7. Allan R, Brewer-Carías, *Crónica constitucional sobre el secuestro de la participación política y las elecciones en Venezuela, que dejaron de ser libres, justas, plurales y transparentes (1999-2024)*, 2024, 800 pp.

8. Allan R. Brewer-Carías, *Crónica constitucional sobre el momento constituyente perdido de 1998. (Que el liderazgo democrático no entendió ni supo asumir, y que Chávez le arrebató en 1999 para establecer un régimen autoritario). Enseñanzas para el presente*, 2024, 486 pp.

9. Allan R. Brewer-Carías, *Ruina de la democracia, elección presidencial y momento constituyente en 2024*, 2024, 196 pp.

ALLAN R. BREWER-CARÍAS

Profesor emérito de la Universidad Central de Venezuela
Individuo de Número de la Academia de
Ciencias Políticas y Sociales

RUINA DE LA DEMOCRACIA, ELECCIÓN PRESIDENCIAL Y MOMENTO CONSTITUYENTE EN 2024

COLECCIÓN DE CRÓNICAS CONSTITUCIONALES
PARA LA MEMORIA HISTÓRICA, No. 9

Biblioteca Allan R. Brewer-Carías,
Instituto de Investigaciones Jurídicas,
Universidad Católica Andrés Bello

Una primera versión de este estudio salió publicada en el *Boletín de la Academia de Ciencias Políticas y Sociales, Homenaje a Marcos Falcon Briceño,* No. 175, enero junio 2024, Caracas.

ISBN: 979-8-89480-631-0

Impreso por: Lightning Source, an INGRAM Content company
para Editorial Jurídica Venezolana International Inc.
Panamá, República de Panamá.
Email: editorialjuridicainternational@gmail.com

Portada: Alexander Cano. Fotografía tomada en el Páramo merideño, Aldea San Francisco, vía Guaraque, Tovar, Estado Mérida, 26 de junio de 2024

Diagramación, composición y montaje por Mirna Pinto conforme a un formato inicial por: Francis Gil, en letra Times New Roman 12, Interlineado Exacto 13, Mancha 18 x 12.5

CONTENIDO

INTRODUCCIÓN

El proceso electoral que se ha venido desarrollando durante el año 2024 para la elección presidencial anticipada convocada por un Consejo Nacional Electoral designado sin que se hubieran cumplido ninguna de las condiciones establecidas en la Constitución, y sometido al control total del régimen, que ha venido avanzando en el mismo marco del secuestro del derecho a la participación política y al sufragio que ha caracterizado todos los procesos electorales y de votación anteriores realizados desde 1999,[1] sin embargo, puede decirse que es el proceso electoral en el cual menos garantías ha habido para que pueda considerarse que habrá una elección libre, justa, transparente, plural, verificable y auditable, conforme a los más elementales estándares democráticos.

Por ello, en el mismo mes de julio de 2024, el Alto Comisionado de las Naciones Unidas para los Derechos Humanos en su "Informe sobre Situación de los Derechos Humanos en la República Bolivariana de Venezuela" (Quincuagésimo período de sesiones, Consejo de Derechos Humanos, 18 junio - 12 julio 2024), todavía alentaba "a las autoridades a adoptar medidas para garantizar que el proceso electoral sea plenamente transparente, inclusivo y participativo," haciendo un llamado en su exposición oral, "a la liberación de todos los presos políticos, al

---

[1]   Véase Allan R Brewer-Carías, *Crónica constitucional sobre el secuestro de la participación política y las elecciones en Venezuela, que dejaron de ser libres, justas, plurales y transparentes (1999-2024)*, 2024, 800 pp.

cese de la práctica de desaparición forzada que se ha instalado en los últimos meses, al pleno respeto a las elecciones presidenciales del 28 de julio y a que se cumplan con los compromisos contraídos en el Acuerdo de Barbados, alentando a quienes están en el poder a la creación de espacios de confianza y para reconstruir el contrato social entre los venezolanos," a lo que se agregó lo expuesto por varias de las cuarenta Delegaciones presentes sobre "las inhabilitaciones de representantes de la oposición y las irregularidades que el régimen ha venido cometiendo para entorpecer la participación de los votantes," concluyendo con la advertencia de que "sólo con elecciones libres y participativas donde se respete la voluntad de los venezolanos se podrá restablecer la confianza en el sistema político de Venezuela."[2]

En todo caso, es en ese marco que se ha venido desarrollando el proceso electoral, en el cual una fuerza o rebelión popular que quiere expresar mediante el sufragio su deseo inexorable de cambio, se ha manifestado y sigue manifestándose bajo el liderazgo indiscutible de María Corina Machado, condicionado particularmente, por los 25 años de destrucción que han caracterizado las ejecutorias del régimen, que han provocado la ruina total de la democracia en el país, y la demolición tanto de las propias instituciones del Estado y de los principios que conforme a la Constitución deberían regirlo, como de la totalidad de las instituciones e iniciativas privadas, y con ello, la demolición de las bases económicas, sociales y culturales de la Nación provocada por la guerra que el propio Estado ha desarrollado contra el país, su población y su territorio.

---

[2] Véase el texto del Informe del Comisionado Volker Türk en: https://view.officeapps.live.com/op/view.aspx?src=https%3A%2F%2Fwww.ohchr.org%2Fsites%2Fdefault%2Ffiles%2Fdocuments%2Fhrbodies%2Fhrcouncil%2Fsessions-regular%2Fsession56%2Fadvance-versions%2Fa-hrc-56-63-unofficiales.docx&wdOrigin=BROWSELINK Véase la reseña en María Alejandra Aristiguieta, "El mensaje del Consejo de DDHH de la ONU", en *América 2.1*, 10 de julio de 2024, disponible en https://americanuestra.com/aristeguieta-el-mensaje-del-consejo-de-dd-hh-de-la-onu/

Por ello, el proceso electoral y la elección presidencial de 2024 no puede verse como un proceso más que se desarrolla en un régimen democrático, y que puede producir cambios políticos como acaba de ocurrir en el Reino Unido y en Francia, por ejemplo, o en América Latina, como ocurrió en Chile, Argentina y Brasil, sino como uno excepcionalísimo, que se realiza en un momento constituyente más de nuestra historia que anuncia la exigencia de un cambio radical para asegurar la reconstrucción, la reinstitucionalización y la redemocratización del país.

Esos momentos constituyentes se dan en la historia de los países, cuando ante la ausencia de un orden constitucional previo o el colapso definitivo del orden constitucional preexistente, surge el convencimiento colectivo de la necesidad de sustituirlo por otro,[3] reconstituyente el orden político constitucional, como por ejemplo ocurrió en nuestra historia constitucional en 1811, 1830, 1863, 1901 y 1945,[4] y debió ocurrir en 1999 cuando, sin embargo, el momento constituyente se perdió para la reinvención de la democracia.[5]

En 2024 el país está de nuevo en un momento constituyente que impone un cambio radical al orden político constitucional preexistente, que colapsó definitivamente, lo que nos coloca a los venezolanos, querámoslo o no, en la antesala de un proceso constituyente, similar como se dijo, a los que hemos tenido en nuestra historia política, y que el liderazgo democrático está en

---

[3]   Véase, por ejemplo, en general, Richard Albert, Menaka Guruswamy y Nishchal Basnyat (Editors), *Founding moments in Constitutionalism*, Hart Publishing, Oxford 2019.

[4]   Véase Allan R. Brewer-Carías, *Historia Constitucional de Venezuela*, Editorial Alfa, 2 vols, Caracas 2008.

[5]   Véase Allan R. Brewer-Carías, *Crónica constitucional sobre el momento constituyente perdido de 1998. (Que el liderazgo democrático no entendió ni supo asumir, y que Chávez le arrebató en 1999 para establecer un régimen autoritario). Enseñanzas para el presente*, 2024.

la obligación de identificar y asumir, como por ejemplo lo hizo en 1945 e incluso en 1958.

Al análisis de estos temas que giran en torno al proceso de *ruina total de la democracia,* que ha ocurrido en el país durante los últimos cinco lustros; el desarrollo del *proceso para la elección presidencial fijada para el 28 de julio de 2024,* en un marco de ausencia total de garantías electorales democráticas; y al significado del *momento constituyente en 2024,* en el cual nos encontramos, es que van dedicadas estas páginas;[6] temas todos que están condicionados por diversos hechos políticos fundamentales como son, la situación de destrucción total del Estado, de sus instituciones democráticas, y del país, luego de 25 años de autoritarismo; la inconstitucional inhabilitación de la principal candidata de la oposición, María Corina Machado; el intento de suspender las elecciones primarias de la oposición, y la general ausencia de condiciones generales para que la elección pueda ser considerada libre, justa, plural, transparente y verificable;[7] todo lo cual nos coloca, en 2024, en el marco de un nuevo momento constituyente de nuestra historia, que el liderazgo democrático tiene el reto de identificar y de asumir para recuperar la democracia y el Estado de Derecho.

New York, 18 de julio de 2024

---

[6] Una versión preliminar de este estudio, con fecha 27 de junio de 2024, fue publicada en el *Boletín de la Academia de Ciencias Políticas y Sociales, Homenaje a Marcos Falcon Briceño,* No. 175, enero junio 2024, Caracas.

[7] Siendo la última manifestación de esa ausencia de garantías las amenazas proferidas contra los votantes por quien ejerce la Presidencia de la República, las cuales se enmarcan en lo que proscribe la Ley contra el Odio de 2017, para que voten de determinada manera "si no quieren que Venezuela caiga en un baño de sangre, en una guerra civil fratricida..." Véase Sol Amaya, "Maduro advirtió de "baño de sangre" en Venezuela si no gana las elecciones," en *CNN Español,* 17 julio, 2024, disponible en: https://cnnespanol.cnn.com/2024/07/17/maduro-bano-de-sangre-elecciones-venezuela-orix/

I

LA CONVOCATORIA DE ELECCIONES PRESIDENCIALES ANTICIPADAS, LA "RENOVACIÓN" DEL CONSEJO NACIONAL ELECTORAL Y INHABILITACIÓN POLÍTICA CONTRA MARÍA CORINA MACHADO

A principios de marzo de 2024 el Consejo Nacional Electoral, repitiendo el esquema de 2018, de nuevo convocó a elecciones presidenciales anticipadas, esta vez para el periodo constitucional 2025-2031. Así registró la noticia el diario *Los Ángeles Times* del 5 de marzo de 2024, así

"Las autoridades electorales de Venezuela anunciaron el martes que las elecciones presidenciales serán el próximo 28 de julio, en las que se prevé que el presidente Nicolás Maduro aspire a la reelección y mientras se mantiene la inhabilitación a la principal candidata de oposición.

El presidente del Consejo Nacional Electoral (CNE), Elvis Amoroso, indicó que se aprobó por "unanimidad" el cronograma, en el que el día del llamado a las urnas coincide con el cumpleaños del fallecido expresidente Hugo Chávez.

El anuncio se produjo cuatro días después de que la Asamblea Nacional venezolana, de mayoría oficialista, entregara a la autoridad electoral un documento sobre las condiciones de las próximas elecciones presidenciales."[8]

Esta convocatoria estuvo precedida de unos acontecimientos políticos que comenzaron con la renuncia de los Rectores del Consejo Nacional Electoral, debidamente orquestada, que se produjo en de 2023,[9] para que la Asamblea Nacional procediese a nombrar un inconstitucional Comité de Postulaciones[10] para proceder a la designación de un nuevo Consejo Electoral que asegurase la conducción del proceso de elección presidencial, conforme a los lineamientos del régimen,[11] y al mes siguiente, la inhabilitación política de hecho de la candidata que se perfilaba como la principal y más importante candidata de la oposición, María Corina Machado.

---

[8]   Véase Associated Press "Las elecciones presidenciales de Venezuela serán el próximo 28 de julio, anuncia autoridad electoral," *Los Angeles Times*, 5 de marzo de 2023, disponible en: https://www.latimes. com/espanol/internacional/articulo/2024-03-05/las-elecciones-presidenciales-de-venezuela-seran-el-proximo-28-de-julio-anuncia-autoridad-electoral

[9]   Véase el reportaje "Parlamento venezolano juramenta comité que elegirá a CNE," *TelesurTV.net*, 30 de marzo de 2023, disponible en https://www.latimes.com/espanol/internacional/articulo/2024-03-05/las-elecciones-presidenciales-de-venezuela-seran-el-proximo-28-de-julio-anuncia-autoridad-electoral

[10] Véase los Acuerdos respectivos en: *Gaceta Oficial* No. 42.662 Ordinario del 30 de junio de 2023; *Gaceta Oficial* No. 6.751 Extraordinario del 04 de julio de 2023.

[11] Por ello la ONG *Acceso a la Justicia* señaló en su Informe anual, el 11 de julio de 2024, que "el Estado preparó el terreno para las elecciones presidenciales de 2024, con inhabilitaciones políticas, intervenciones de partidos y nombramiento inconstitucional de la directiva del Consejo Nacional Electoral," Véase la información en "Elecciones presidenciales: la represión institucional se incrementó con inhabilitaciones políticas," en *El Nacional*, 12 de julio de 2024, disponible en: https://www.elnacional.com/venezuela/elecciones-presidenciales-la-represion -institucional -se-incremento-con-inhabilitaciones-politicas/

1. *El burdo intento de inhabilitar políticamente a María Corina Machado*

En efecto, el día 27 de junio de 2023 se pretendió "declarar" inhabilitada políticamente para concurrir a elecciones, a María Corina Machado, una de las entonces candidatas para las elecciones primarias de la oposición democráticas para las elecciones presidenciales que se habían fijado para julio de 2024, por un funcionario inferior de la Contraloría General de la República, sin competencia para ello y sin base legal alguna.[12]

En una forma burda e inicua, dicho funcionario emitió un "oficio" que no era un "acto administrativo," dirigido a un Diputado de nombre José Brito, repitiendo medidas que ha sido una línea de actuación en otros países gobernados por gobiernos populistas y autoritarios, generalmente conducidos por *kakisto-cracias,* y que años atrás, se acordaron contra otros líderes de oposición, como Henrique Capriles y Leopoldo López.[13]

Sin embargo, lo que si fue cierto en 2023, es que nunca antes, en ningún caso precedente ocurrido dentro o fuera del país, se hubiera pretendido imponer una inhabilitación política en una forma tan inconstitucional, ilegal, rústica, burda, tosca, ruda, bruta, grosera, basta, inculta, ignorante, ignara, iletrada e indocta como la supuestamente contenida en el mencionado

---

[12]   Véase Allan R. Brewer-Carías, "El intento de inhabilitación política contra María Corina Machado, mediante una "certificación de mera relación" prohibida por la Ley Orgánica de la Administración Pública," en *Revista de Derecho Público*, N° 175-176, julio-diciembre 2023, Editorial Jurídica Venezolana. Caracas 2023, pp. 297-304. Disponible en: https://allanbrewercarias.com/wp-content/uploads/2024/04/RE-VISTA -DE-DERECHO-PUBLICO.-Venezuela-No-175-176-jul-dic.-2023-EJV-port-1.pdf

[13]   Véase sobre todas esas medidas, Allan R. Brewer-Carías, *Kakistocracia depredadora e inhabilitaciones políticas: El falso Estado de derecho en Venezuela,* Colección Biblioteca Allan R. Brewer-Carías, Instituto de Investigaciones Jurídicas de la Universidad Católica Andrés Bello, No 20, Editorial Jurídica Venezolana, Caracas 2023.

"oficio" que no es sino una ilegal "certificación de mera relación" emitida, violando la ley Orgánica de la Administración central que las prohíbe, por un funcionario de la Contraloría General de la República de bajo nivel, a cargo de llevar a cabo unos supuestos e indeterminados "procedimientos especiales," de nombre Antonio José Meneses Rodríguez; documento que el mismo Contralor General de la República no se atrevió a emitir.

Por ello, con razón, la Comisión Nacional de Primarias, a cargo de realizar las elecciones primarias para escoger el candidato de la oposición, luego de considerar que "esta medida arbitraria forma parte de una práctica reiterada cuyo propósito ha sido impedir la libre expresión de la voluntad de los electores," y de que con el mencionado oficio de la Contraloría, se "ha extendido a quince años la medida de inhabilitación de doce meses que dictó en 2015, en franca violación al derecho al debido proceso previsto en el artículo 49 de la Constitución de la República," expresó que:

> "Estas medidas de inhabilitación dictadas por la Contraloría General de la República son una sanción de carácter inconstitucional y contrarias a los estándares internacionales sobre Derechos Humanos, pues no solo atentan contra la garantía según la cual el ejercicio de la ciudadanía o de alguno de los derechos políticos únicamente puede ser suspendido mediante sentencia judicial firme (artículo 42 de la Constitución de la República), sino también contra la participación y deliberación libre y plural de ideas que requiere toda sociedad democrática. Tales sanciones no son obstáculo para la participación en la Primaria, como ha sostenido reiteradamente esta Comisión."[14]

---

[14] Véase el texto en: https://www.lapatilla.com/2023/06/30/comision-rechazo-inhabilitacion/

El derecho a ser electo, por lo demás es un valor universal de la democracia, garantizado, además de en las Constituciones de los Estados, en el Pacto Internacional de Derechos Civiles y Políticos de las Naciones Unidas (art. 25.2) y en la Convención American de Derechos Humanos (Art. 23.1.b), la cual es precisa en establecer que solo por Ley se puede restringir el ejercicio de este derecho, exclusivamente, entre otros casos, "por razones de *condena, por juez competente, en proceso penal*" (art. 23.2), lo que excluye absolutamente toda restricción por vía administrativa, como la que en Venezuela se ha atribuido inconstitucionalmente al Contralor General de la República.

En Venezuela, esa atribución del Contralor viola el artículo 42 de la Constitución que establece enfáticamente que el ejercicio de los derechos políticos, como el derecho a ser electo, "sólo puede ser suspendido por *sentencia judicial* en los casos que determine la ley."[15]

2. *La supuesta e inexistente inhabilitación política decretada contra María Corina Machado*

El intento de inhabilitación política decretada por el régimen depredador en contra de María Corina Machado que se ha manifestado en el mencionado "oficio" de un funcionario subalterno de la Contraloría,[16] sin duda era una de esas medidas "anunciadas" que parecía que el régimen tomaría inevitablemente contra ella, ante el avance arrollador de su candidatura

---

[15] Véase Allan R. Brewer-Carías, "El derecho político de los ciudadanos a ser electos para cargos de representación popular y el alcance de su exclusión judicial en un régimen democrático (O de cómo la Contraloría General de la República de Venezuela incurre en inconstitucionalidad e inconvencionalidad al imponer sanciones administrativas de inhabilitación política a los ciudadanos)", en *Revista Elementos de Juicio*, Año V, Tomo 17, Bogotá 2012, pp. 65-104.

[16] Véase sobre los vicios de dicho "oficio" en la Nota de Acceso a la Justicia, sobre: "Los cinco vicios que hacen nula la inhabilitación de María Corina Machado,", 10 de julio de 2023, disponible en: https://twitter.com/AccesoaJusticia/status/16783 89039097839619

opositora, hasta ese momento sólo para unas "elecciones primarias" de candidatos de oposición, pero que se perfilaba contra el gobierno conducido por la *clepto kakistocracia*, que ha usado el aparato del Estado para destruir al país.

Pero con el intento, y la forma como se hizo, en realidad, lo que demostró el régimen es que efectivamente ya estaba acabado y perdido, y además, hundido en su propia incompetencia, de manera que renunciando, entonces incluso, a usar al dócil Tribunal Supremo de Justicia para cometer una nueva inconstitucionalidad – como hasta ahora ha ocurrido –, recurrió al más fácil y burdo expediente de hacer que un funcionario de ínfimo nivel de la Contraloría General de la República, el Sr. Antonio José Meneses Rodríguez, quien firma con el pomposo título de "Director General de Procedimientos Especiales," emitiera el mencionado "oficio" No. DGPE-23-08-00-008 de fecha 27 de junio de 2023, notificándole a un diputado de la Asamblea Nacional de nombre José Dionisio Brito Rodríguez, que Maria Corina Machado estaba inhabilitada por un período de quince (5) años para el ejercicio de cualquier cargo público, sin que ella se hubiese enterado de procedimiento ni de decisión alguna en tal sentido, y en todo caso, sin haber sido citada o notificada, sin poder defenderse y sin que se sepa quién pudo haber adoptado esa supuesta decisión, ni desde cuándo ha podido haber comenzado a tener efectos; en violación de sus más elementales derechos al debido procedimiento.

Lo cierto, como se ha dicho, es que pocas veces hay ocasión en el ámbito de la Administración Pública de tener a la vista un documento "oficial" con tantos vicios de inconstitucionalidad e ilegalidad juntos, razón por la cual no podía llegarse a otra conclusión racional, por su contenido y forma, que no fuera que, en realidad, el autor del mismo, independiente de quien lo hubiera firmado, lo que quiso con el texto fue deliberadamente burlarse del propio gobierno del Estado depredador, emitiendo un "oficio" como el que se comenta.

No puede haber otra explicación, y ni siquiera la que pudiera apuntar al nivel de ignorancia o incompetencia extrema de quienes lo hubieran podido haber confeccionado, ya que racionalmente no podía llegar a los extremos que asaltan a cualquier lector del mismo. Pero como la duda es libre, y el "oficio" circuló y fue conocido hay que asumir que quien lo firmó, lo concibió, hasta que alegue lo contrario.

De allí los comentarios al texto del oficio que transcribimos íntegramente (*en cursiva*), intercalándolos en el mismo, para tratar de desenmarañar su contenido inicuo:

Ciudadano

JOSÉ DIONISIO BRITO RODRÍGUEZ

Diputado de la Asamblea Nacional de la República Bolivariana de Venezuela, Presente.-

OFICIO N.0DGPE-23-08-00-008

FECHA: 27/06/2023

Me dirijo a usted, en la oportunidad de brindarle en nombre de la Contraloría General de la República, Máximo Órgano de Control Fiscal, un saludo institucional y dar respuesta a su comunicación de fecha 26 de junio de 2023, recibida en la misma fecha, por medio de la cual solicitó conocer el estatus de la inhabilitación para ejercer funciones en la Administración Pública que pesa sobre la ciudadana MARÍA CORINA MACHADO PARISCA, titular de la cedula de identidad No. V.-6.914.799.

Comentario: Se observa de este párrafo, que se trató de una comunicación que se remitió, no a la Sra. María Corina Machado, quien debió haber sido la supuesta destinataria de la sanción que se anunciaba, sino a un Diputado de nombre Brito, en respuesta a la solicitud que éste había formulado a la Contraloría para conocer sobre el "estatus de la inhabilitación" de aquella.

La respuesta al diputado Brito dada por el Sr. Meneses Rodríguez, no fue, por tanto – no podía serlo - una "decisión," una "providencia" o un "acto administrativo" de la Contraloría, de imposición de una sanción administrativa a la Sra. Machado, sino un simple pero ilegal documento informativo destinado a un Diputado sobre asuntos que se referían a la situación administrativa de ella. Si se llegaba a considerar que el texto del oficio era efectivamente una decisión del órgano contralor de imponer esa sanción administrativa, el mismo además de inconstitucional, era ilegal por violar el artículo 105 de la ley Orgánica de la Contraloría que reserva la facultad de imponer esas sanciones, en forma "exclusiva y excluyente," al Contralor General de la República.

Por su contenido, en realidad, como se ha dicho, el documento no era una decisión, acto o providencia administrativa sino una "certificación de mera relación," cuya emisión está prohibida en el artículo 173 de la Ley Orgánica de la Administración Pública (que conforme al artículo 2 de la misma se aplica a la Contraloría), y que fue expedida ilegalmente por un funcionario incompetente, con el solo objeto de dar su "testimonio" sobre hechos de los cuales supuestamente conocía, y expresar sus "opiniones" sobre los mismos, contenidos en expedientes archivados o en curso; todo lo cual está prohibido en Venezuela, y por lo cual el funcionario emisor del certificado debería ser sancionado administrativamente.

Por otra parte, conforme a los artículos 77 y 79 de la Ley Orgánica de la Contraloría General de la República, las investigaciones de los órganos de control fiscal tienen "carácter reservado," por lo que no podía ni puede cualquier persona, así sea diputado, si no es parte interesada en el procedimiento respectivo, acudir a la Contraloría a solicitar y obtener información sobre la situación de otras personas; estando en todo caso prohibido a los funcionarios encargados o en conocimiento de dichas investigaciones, emitir "certificados de mera relación" sobre los hechos u opiniones relativos a las mismas.

Al respecto, cumplo con informarle que a la ciudadana MARÍA CORINA MACHADO PARISCA, titular de la cédula de identidad No. V.-6.914.799, le fue impuesta la sanción de inhabilitación para el ejercicio de cualquier cargo público, mediante

Resolución No. 01-00-000398 de fecha 13 de julio de 2015, por el periodo máximo previsto en el numeral 2 del artículo 39 del Decreto con Rango, Valor y Fuerza de Ley Contra la Corrupción, el cual mantiene su vigencia en el numeral 2 del artículo 44 de la vigente Ley Contra la Corrupción, en el marco de la auditoria patrimonial sustanciada par la Dirección de Declaraciones Juradas de Patrimonio de la Dirección General de Procedimientos Especiales de este Máximo Órgano de Control Fiscal.

Comentario: De nuevo, con este párrafo, se reafirmaba que el documento fue una "certificación de mera relación" prohibida en la Ley Orgánica de la Administración Pública (art. 173), en el cual solo se informó que a la Sra. Machado, mediante Resolución de la Contraloría de 2015, le había sido impuesta la sanción de multa e inhabilitación para ejercer cualquier cargo público "por el período máximo previsto en el artículo 39.2 de la Ley contra la Corrupción" (vigente en 2015), que era de doce (12) meses, y que en todo caso había vencido en 2016.

Dichas sanciones, que se establecían en la Ley "por no cumplir con la obligación de presentar declaración jurada de patrimonio o documentación requerida en el proceso de verificación patrimonial" han continuado reguladas en la reforma de la Ley de 2022 (art. 44.2).

Del mismo modo le informo, que se continúa con la investigación patrimonial encontrándose que la ciudadana MARÍA CORINA MACHADO PARISCA, titular de la cedula de identidad No. V.-6.914.799, está inhabilitada para el ejercicio de cualquier cargo público por el periodo de QUINCE (15) AÑOS, de conformidad con lo establecido en el artículo 105 de la Ley Orgánica de la Contraloría General de la República y del Sistema Nacional de Control Fiscal y numeral 2 del artículo 44 de la Ley Contra la Corrupción.

Comentario: En este párrafo, la "certificación de mera relación" informativa que está prohibida en la Ley, emitida por el funcionario Meneses Rodríguez, al informar sobre supuestos hechos nuevos de los cuales la Sra. Machado nunca conoció, hasta haber leído las declaraciones del Diputado Brito al "anunciar" el contenido del oficio que recibió, sobre una supuesta "investigación patrimonial" que se dice se continuó en la Contraloría y que el funcionario que firmó dice que "se encontró" ("encontrándose"); como quien se puede encontrar algo en alguna parte (una engrapadora, por ejemplo, en una gaveta), y sobre que la Sra. Machado había sido nuevamente sancionada, esa vez con "inhabilitación para el ejercicio de cualquier cargo público por el período de quince (15) años, "de conformidad con lo establecido en el artículo 105 de la Ley Orgánica de la Contraloría General de la República y del Sistema Nacional de Control Fiscal y numeral 2 del artículo 44 de la Ley contra la Corrupción," a pesar de que desde 2015 la Sra. Machado no había ejercido cargo público alguno, pero sin mencionarse en forma alguna que hubiera habido una decisión del único funcionario que puede dictar esos inconstitucionales actos que es el Contralor General de la República. Se trató, por tanto, de la absurda e inadmisible "conversión" de una sanción de 12 meses de inhabilitación que ya se había extinguido, por una de 15 años, "decretada" en una "certificación de mera relación" emitida por un funcionario subalterno, totalmente ilegal e inconstitucional.

Al relator de la información contenida en la carta que dirigió al diputado Brito, en efecto, en este párrafo de su relación, en el cual hizo referencia al artículo 105 de la Ley Orgánica de la Contraloría, por lo visto se le olvidó mencionar el procedimiento administrativo que en el caso se pudo haber seguido a espaldas de la interesada, y si se siguió, cómo y cuándo se la citó y fue oída la Sra. Machado para poder haber ejercido su derecho a la defensa. También se le olvidó mencionar la fecha de emisión de la supuesta nueva "Resolución" del Contralor General de la República –si es que la hubo–, quien en los términos de dicho artículo es el único funcionario que "de manera exclusiva y excluyente" siguiendo el procedimiento de ley tiene asignada la competencia para declarar la responsabilidad administrativa de un funcionario público, y la inconstitucional competencia para imponerle la sanción de inhabilitación política por 15 años, la cual en todo caso, solo procedería cuando se incurra en alguno de los veintinueve (29) supuestos de "actos, hechos u omisiones" que se enumeran y tipifican en el artículo 91 de la misma Ley Orgánica, que el relator de la certificación de mera relación por supuesto no mencionó.

Además, se observa que al hacer referencia el documento, junto con el artículo 105 de la Ley Orgánica de la Contraloría, al antes indicado artículo 44.2 de la Ley contra la Corrupción (que es el de la reforma promulgada el 2 de mayo de 2022, *Gaceta Oficial* Extra No. 6699), el relator del documento, sin darse cuenta –o deliberadamente, dándose cuenta para burlare de sus superiores– informó que la "inhabilitación política" supuestamente impuesta a la Sra. Machado, que había "encontrado," tenía que haber sido impuesta después de mayo de 2022, es decir, durante los trece meses precedentes, lo que por supuesto no había ocurrido.

3. *El burdo intento de achacar a María Corina Machado todos los efectos destructivos del Estado depredador, causados por el propio gobierno*

A partir del párrafo anteriormente transcrito de la ilegal y errada certificación de "mera relación" informativa del testimonio del Sr. Meneses Rodríguez contenida en el oficio dirigido al diputado Brito, que pone en evidencia el abuso, la incongruencia, el error, la ignorancia y la arbitrariedad propias de las actuaciones de la *kakistocracia*,[17] en los párrafos siguientes de la misma, el Sr. Meneses procedió a insistir en su actuación ilegal al emitir la "certificación de mera relación" en los términos prohibidos por el mencionado artículo 173 de la ley Orgánica de la Administración Pública, pero esta vez expresando "su opinión" sobre hechos o datos que eran supuestamente de su

---

[17]   Véase en general, Allan R. Brewer-Carías, *Kakistocracia depredadora e inhabilitaciones políticas: El falso Estado de derecho en Venezuela*, Colección Biblioteca Allan R. Brewer-Carías, Instituto de Investigaciones Jurídicas de la Universidad Católica Andrés Bello, No. 20, Editorial Jurídica Venezolana, Caracas 2023.

conocimiento en el expediente archivado o en curso, que habrían sido determinados ("se determinó" afirma), pero sin expresar quién determinó, qué fue lo que realmente se determinó, y con cuáles consecuencias (solo que "se determinó"); y en otros casos dijo que eran "hechos públicos, notorios y comunicacionales" ignorando que solo los jueces pueden dar por probados hechos notorios, en sentencia dictada un proceso judicial en el cual se ha ejercido el derecho a la defensa, se ha abierto un lapso probatorio con derecho a promover, evacuar y controlar las pruebas conforme al Código de Procedimiento Civil (art. 506). Por lo visto al relator del oficio se le olvidó que no era un juez y afirmó entonces lo siguiente:

> *A continuación, se hace de su conocimiento los actos, hechos, omisiones e irregularidades administrativas en las que ha incurrido la ciudadana MARÍA CORINA MACHADO PARISCA, titular de ·la cedula de identidad No. V.-6.914.799, que atentan contra la ética pública, la moral administrativa, el estado de derecho, la paz y la soberanía de la Republica Bolivariana de Venezuela:*

> *Se determinaron errores (sobreestimaciones y subestimaciones) así como omisiones en las declaraciones juradas de patrimonio evaluadas en el marco de la auditoria patrimonial seguida a la ciudadana MARÍA CORINA MACHADO PARISCA, titular de la cedula de identidad V-6.914.799. Así mismo, se determinó la existencia de fondos administrados por justificar que representó, un porcentaje cerca del cincuenta por ciento (50%) de los fondos administrados en el periodo evaluado, constituidos por depósitos y notas de crédito de origen no conocidos en bancos nacionales como Mercantil, C.A., Banco Universal y Venezolano de Crédito, S.A., Banco Universal y operaciones de depósitos y notas de crédito de origen no conocidos en moneda extranjera a través de la institución financiera Venezolano de Crédito, S.A., Banco Universal/Cayman Branch.*

> *Adicionalmente, son hechos públicos, notorios y comunicacionales que la ciudadana MARÍA CORINA MACHADO PARISCA, antes identificada, ha sido participe de la trama de corrupción orquestada por el usurpador JUAN GERARDO ANTONIO GUAIDÓ MÁRQUEZ, titular de la cedula de identidad No.*

V-16.726.086, que propició el bloqueo criminal a la República Bolivariana de Venezuela, así como también, el despojo descarado de las empresas y riquezas del pueblo venezolano en el extranjero, con la complicidad de gobiernos corruptos, dentro de los cuales se destacan la entrega de la empresa CITGO HOLDING, INC y CITGO PETROLEUM CORPORATION con un valor aproximado de treinta y cuatro mil millones de dólares americanos (US$ 34.000.000.000,00) a la empresa canadiense CRYSTALLEX por mil quinientos millones de dólares americanos (US$ 1.500.000.000,00), lo que causó un daño al patrimonio de la Nación por treinta y dos mil quinientos millones de dólares americanos (US$ 32.500.000.000,00). La entrega al ex presidente de la República de Colombia Iván Duque de la empresa MONÓMEROS COLOMBO VENEZOLANOS, S.A., la cual fue llevada a la quiebra; el secuestro y robo de las treinta y un (31) toneladas de oro venezolano cuyo valor estimado es de mil millones de dólares americanos (US$ 1.000.000.000,00) por parte del gobierno de Inglaterra y su monarquía. Adicionalmente, el bloqueo de las cuentas bancarias y el robo de un avión del pueblo venezolano. Concluyendo que el bloqueo solicitado por MARÍA CORINA MACHADO PARISCA, en connivencia con el usurpador JUAN GERARDO ANTONIO GUAIDÓ MÁRQUEZ, entre otros, ha generado el secuestro de cuatro mil millones de dólares americanos (US$ 4.000.000.000,00) retenidos en el sistema bancario internacional. Causando un daño al patrimonio de la República Bolivariana de Venezuela por la cantidad de ciento cuarenta mil millones de dólares americanos (US$ 140.000.000.000,00).

Participó en la trama de corrupción orquestada por el usurpador JUAN GERARDO ANTONIO GUAIDÓ MÁRQUEZ, titular de la cedula de identidad N. V-16.726.086, que propició el bloqueo criminal a la Republica Bolivariana de Venezuela, generando como consecuencia que unos diez millones de dólares americanos (US$ 10.000.000,00), fueron bloqueados por las sanciones internacionales impuestas al Estado Venezolano por Washington, impidiendo completar el monto requerido para ser beneficiario del mecanismo COVAX, creado por Naciones Unidas para garantizar un acceso equitativo a la inmunización. Atentando contra el derecho a la vida de nuestro pueblo.

Cómplice de la trama de corrupción conocida como El Cucutazo orquestada por el usurpador JUAN GERARDO

ANTONIO GUAIDÓ MÁRQUEZ, titular de la cedula de identidad No. V-16.726.086, que sustrajo la cantidad de US$ 99.100.000.000,00, de la supuesta ayuda humanitaria.

Solicitó la aplicación de sanciones y bloqueo económico que generó daños en la salud del pueblo venezolano, por cuanto la banca internacional no aceptó los fondos provenientes de nuestra Nación y los existentes en esos bancos fueron bloqueados, pretendiendo hacer entender en hechos públicos, notorios y comunicacionales que las sanciones de Estados Unidos y sus naciones aliadas contra Venezuela están solo dirigidas a funcionarios del país, siendo que las medidas coercitivas unilaterales atentan contra las Áreas de la Nación al impedir que se ejecuten operaciones cambiarias para la compra de alimentos, repuestos, inclusive medicamentos. Dichas sanciones impuestas por el expresidente Barack Obama y continuadas por el expresidente Donald Trump y por el actual mandatario estadounidense, se han ido agudizando de manera unilateral generando una pérdida de veinte mil millones de dólares americanos (US$ 20.000.000,00), recursos que estaban destinados a la compra de medicamentos. Esa pérdida de recursos se da por la imposibilidad de hacer compras en dólares, debido a las sanciones de Washington a la República Bolivariana de Venezuela, por lo que el legitimo Poder Ejecutivo se ha visto en la necesidad estratégica de realizar transacciones en otras divisas, y las comisiones de los pagos elevan la adquisición de fármacos en medio de esta coyuntura económica consecuencias de esas sanciones. Generando además la imposibilidad de comprar medicamentos antirretrovirales para garantizar el tratamiento a mas de 60 mil pacientes de VIH-SIDA, y que contempla las vacunas para niños y adolescentes.

Del mismo modo impiden las sanciones la llegada de tratamientos contra la malaria y el sarampión, los cuales fueron adquiridos, pero nunca llegaron, porque el proveedor internacional al conocer que el cargamento era para el Ministerio del Poder Popular para la Salud de la República Bolivariana de Venezuela, lo suspendió.

Adicionalmente, el sabotaje de los Estados Unidos contra la salud de los pacientes en Venezuela, con el bloqueo de fondos enviados a entidades financieras en el extranjero no ha dejado que unas 300 mil dosis de insulinas lleguen al país. En virtud de que la entidad financiera Citibank, con sede en Estados Unidos, negó que el Gobierno Nacional utilizara esos recursos dejando a más de 450 mil pacientes dependientes sin tratamiento. Así como también, pretendió que los pacientes oncológicos y muy especialmente los niños no recibieran sus tratamientos.

Igualmente, producto de la solicitud de aplicación de sanciones económicas al Estado Venezolano, generó la migración de cientos de venezolanos, los cuales en principio fueron utilizados para atacar a la República Bolivariana de Venezuela y posteriormente objeto de xenofobia, hoy día siendo repatriados por el Plan Vuelta a la Patria del Gobierno Nacional.

Finalmente, la ciudadana MARÍA CORINA MACHADO PARISCA, titular de la cédula de identidad V-6.914.799, incumplió las disposiciones establecidas en el artículo 191 de la Constitución de la República Bolivariana de Venezuela, el cual dispone que los diputados y diputadas a la Asamblea Nacional no podrán aceptar o ejercer cargos públicos sin perder su investidura, salvo en actividades docentes, académicas, accidentales o asistenciales, siempre que no supongan dedicación exclusiva, toda vez que aceptó la acreditación como representante alterna de la delegación de la República de Panamá ante la Organización de Estados Americanos (OEA) a partir del 20 de marzo de 2014, perdiendo así la investidura de Diputada de la Asamblea Nacional, incumpliendo con el deber de honrar y defender la Patria.

Comentario: Luego de toda esta absurda enumeración de una parte de los males de la República, producto de la guerra que el Estado mismo, conducido por la *clepto kakistocrácia* a la cual sirve el "relator" Meneses Rodríguez, mediante la cual se ha destruido todo en el país, pero que éste ignora y al contrario los atribuye inicuamente a una supuesta "culpa" de María Corina Machado,[18] el "oficio" concluyó con su firma en el documento, emitido supuestamente en un "procedimiento especial" que por lo visto es el que se cumple violándose el derecho a la defensa de los administrados, como inconstitucional e ilegal certificación de mera.

---

[18]   Véase Tahys Peñalver, "El debate inhabilitado," en *El Confidencial*, Madrid, 16 de julio de 2023, disponible en: https://morfema.press/opinion/el-debate-inhabilitado-por-thays-penalver/

De lo anteriormente descrito no se puede sino concluir que el texto del "oficio" emitido por el "Director General de Procedimientos Especiales" de la Contraloría General de la República que antes hemos reseñado, al ser solamente una ilegal "certificación de mera relación" mediante el cual el funcionario que la firmó (aún sin saberse si efectivamente la redactó o no), lo que hizo fue relatar supuestos hechos que supuestamente constarían en documentación en poder de la Contraloría, y manifestar su "opinión" sobre los mismos. Dicho texto, en ningún caso podría considerarse como una "decisión" administrativa, es decir, como manifestación expresa de voluntad de dicho ente (acto o providencia administrativa en los términos como se definen en la Ley Orgánica de Procedimientos Administrativos) para decretar una inhabilitación política de una persona, razón por la cual, en ningún caso podría considerarse que mediante la misma se hubiera efectivamente "inhabilitado" políticamente a la ciudadana María Corina Machado. La Sra. Machado no fue "inhabilitada" en forma alguna mediante dicho oficio, de cuyo contenido lo único que se puede pensar es que fue un burdo y fallido "intento" de inhabilitar políticamente a una ciudadana, sin efectividad alguna; o una deliberada burla que el funcionario que la firmó le quiso hacer a sus superiores.

Si se llegase a considerar que el Director General de Procedimientos Especiales de la Contraloría, en el oficio analizado, efectivamente habría tomado una decisión administrativa imponiendo una inhabilitación política a la Dra. Machado, dicho "acto administrativo" por supuesto estaría viciado de nulidad absoluta, sin poder tener efecto alguno, por adolecer de todos los vicios imaginables que pueden afectar de ilegalidad e inconstitucionalidad los actos administrativos conforme a la referida Ley Orgánica de Procedimientos Administrativos (art. 19), entre ellos, por haber sido dictado por un órgano manifiestamente incompetente ya que conforme a la Ley Orgánica de la Contraloría la competencia "exclusiva y excluyente" para inhabilitar políticamente a funcionaros públicos la tiene el Contralor General de la República (art. 105), no pudiendo ningún otro funcionario tomar dicha decisión en tal sentido, ni siquiera mediante delegación, constituyendo en definitiva una usurpación de autoridad; y segundo, al haber sido dictado en ausencia absoluta y total del procedimiento administrativo legalmente pautado, en violación del debido proceso que garantiza la Constitución (art. 49).

Por ello, si se llegase a pretender deducir del "oficio" antes analizado que contenía alguna decisión restrictiva del derecho político de la Sra. Machado a ser electa, ello sería además absolutamente inconstitucional porque en Venezuela, la Constitución garantiza que dicho derecho político solo puede ser restringido mediante sentencia judicial firme que imponga a un funcionario dicha inhabilitación como pena accesoria a la pena principal en una condena penal.

Debe mencionarse que contra la supuesta inhabilitación política de María Corina Machado se intentaron dos recursos de nulidad ante la Sala Constitucional del Tribunal Supremo, la cual como lo informó la ONG *Acceso a la Justicia*, mediante sentencias No. 1243 y 1244 del 14 de agosto de 2023 desechó las peticiones que se le habían formulado, destacando el "hecho llamativo" de que "los fallos fueron aprobados el 14 de agosto, sin embargo, no se publicaron sino hasta el 16 de octubre, justo una semana después de que el Estado se sometiera al V Examen Periódico del Comité de Derechos Humanos de Naciones Unidas sobre el cumplimiento del Pacto Internacional de Derechos Civiles y Políticos, donde el tema de las inhabilitaciones salió a relucir." El desistimiento de las acciones fue porque una consistió en una acción en protección de intereses difusos y colectivos y otra consistió en un recurso de revisión que solo procede contra decisiones judiciales, intentadas por personas sin vínculo alguno con la candidata, lo que llevó a *Acceso a la Justicia* a considerar que todo ello "podría formar parte de una estrategia para hacer creer internacionalmente que el caso de Machado ha terminado ante los tribunales."[19]

Por lo demás, ante tal ilegítima, inconstitucional e ilegal decisión, si llegaba a considerarse como tal, y algún órgano del Estado, como el Consejo Nacional Electoral o el Tribunal Supremo de Justicia llegaba a dictar alguna decisión que significase impedir a la Sra. Machado el poder participar en las Elecciones Primarias convocadas por la oposición para octubre de 2023, o que incluso hubiera pretendido impedir la realización de las mismas, todos los ciudadanos hubieran tenido el derecho y deber de desconocerla. Como lo expresé en un tweet de julio de 2023:

> "Las elecciones primarias de la oposición es un ejercicio democrático completamente fuera del ámbito de los organismos gubernamentales. Ni el TSJ ni el CNE podrían impedirlas, suspenderlas, intervenirlas ni controlarlas. Si lo hiciesen, ningún valor tendría y habría que ignorarla" (@allanbrewercarias).

Es decir, si hubiera ocurrido no hubiera que haberle hecho caso, y los dirigentes de la oposición, cohesionados, lo que en ese caso hubieran tenido que haber hecho era acudir al arma de la desobediencia civil en los términos del artículo 350 de la Constitución, como ya ocurrió en 2012 en otras elecciones primarias con la destrucción de los Cuadernos de Votación.[20]

---

[19]   Véase "El TSJ rechaza dos acciones contra inhabilitación impuesta a maría Corina Machado," en *Acceso a la Justicia*, 24 de octubre de 2023, disponible en https://accesoalajusticia.org/tsj-rechaza-dos-acciones-contra-inhabilitacion-impuesta-maria-corina-machado/

[20]   Véase Allan R. Brewer-Carías, "El Juez Constitucional vs. El derecho a la desobediencia civil, y de cómo dicho derecho fue ejercido contra el Juez Constitucional desacatando una decisión ilegítima (El caso de los Cuadernos de Votación de las elecciones primarias de la oposición democrática de febrero de 2012)", en *Revista de Derecho Público*, No. 129 (enero-marzo 2012), Editorial Jurídica Venezolana, Caracas 2012, pp. 241-249.

Lo cierto en todo caso es que, a partir de este intento de inhabilitar políticamente a María Corina Machado, como lo expresó:

"Si algo faltaba a la aguerrida mujer para convertirse en representante de la oposición, ese algo se lo otorgó Maduro. Podemos decir sin equivocarnos que MCM representa en estos momentos, si no a toda, a la enorme mayoría de la oposición venezolana."[21]

Y ello precisamente fue confirmado en las exitosísimas elecciones primarias del candidato de la Oposición, organizadas por la Comisión de Primarias presidida por el Dr. Jesús María Casal, y que a pesar de las amenazas del régimen no se atrevió a intervenir administrativamente y exigir que se realizasen bajo el control del Consejo Nacional Electoral, en las cuales, realizadas el 22 de octubre de 2023, María Corina Machado salió electa por una extraordinaria y abrumadora mayoría, alcanzando al 92,35% de los 2.253.825 de electores. Como lo destacó la Iniciativa democrática España y las Américas en comunicado de 23 de octubre de 2023:

"Los exjefes de Estado y de Gobierno participantes de la Iniciativa Democrática de España y las Américas (IDEA), celebramos la extraordinaria manifestación ciudadana ocurrida este pasado 22 de octubre cuando, en elecciones primarias guiadas por la Comisión Nacional que ellos mismos constituyeran, los venezolanos han seleccionado de manera determinante y efecto plebiscitario a la líder María Corina Machado, habilitándola para que les represente en la lucha por el rescate de las libertades y el bienestar perdidos en Venezuela. Estaremos observantes de que se cumplan las exigencias prometidas de celebrar elecciones presidenciales en 2024, en las que participe María Corina Machado y que

---

[21]   Véase Fernando Mieres, "Venezuela: La inhabilitación," en *Polis*. 3 de julio de 2023, disponible en: https://polisfmires.blogspot.com/2023/07/fernando-mires-venezuela-la.html

respondan a las inderogables prescripciones de la Carta Democrática Interamericana, a saber, que sean "libres, justas y basadas en el sufragio universal y secreto como expresión de la soberanía del pueblo."[22]

En efecto, para buscar resolver la crisis política y socioeconómica de Venezuela, el Gobierno de Nicolás Maduro y un grupo de partidos de oposición, conocido como la Plataforma Unitaria, después de un proceso de negociación que se prolongó durante casi dos años, y teniendo como facilitador a Noruega, firmaron el 18 de octubre de 2023 el "Acuerdo Parcial sobre Promoción de Derechos Políticos y Garantías Electorales para Todos" conocido como el *Acuerdo de Barbados,* en el cual declararon que "Reconocen y respetan el derecho de cada actor político de seleccionar su candidato…" Como lo destacó la Federación Interamericana de Abogados: el Acuerdo.

"implicó el compromiso del gobierno venezolano para el otorgamiento de garantías electorales, incluyendo una actualización del registro electoral, la inscripción, al menos de una parte, de la numerosa diáspora venezolana, la invitación que el Consejo Nacional Electoral debe cursar a misiones internacionales de observación, entre ellas delegaciones de la UE, la ONU, la Unión Africana y el Centro Carter, igualdad en el acceso a los medios de comunicación, entre otros. El Acuerdo de Barbados también estableció que las partes promoverían la habilitación de todos los candidatos presidenciales y partidos políticos *"siempre que cumplan los requisitos establecidos para participar en la elección presidencial, consistentes con los procedimientos establecidos en la ley venezolana"*.[23]

---

22   Véase el Comunicado en https://idea-democratica.org/declaraciones.

23   Véase "Pronunciamiento sobre la necesidad de cumplir el Acuerdo de Barbados para asegurar elecciones libres, transparentes y justas en Venezuela," 19 de febrero de 2024, disponible en https://www.

Sobre este Acuerdo, por ejemplo, en el ámbito internacional, el Gobierno de los Estados Unidos de América, a través de su Secretario de Estado Anthony Bliken, emitió un comunicado el 18 de octubre de 2023, indicando que: "Estados Unidos acoge con beneplácito la firma de un Acuerdo sobre una hoja de ruta electoral entre la Plataforma Unitaria y representantes de Nicolás Maduro".[24] Por su parte como lo informaron los Expresidentes del grupo IDEA, "Canadá, la Unión Europea y el Reino Unido como suscriptores de la Declaración Conjunta que se firmó luego de adoptada el Acta de Barbados, en igual orden y a tal efecto demandaron, entre otras exigencias, "la independencia del proceso electoral y de las instituciones judiciales" como "el respeto de los derechos humanos y políticos" en Venezuela."[25]

Conforme al Acuerdo de Barbados, por tanto, se presumía que, si había que respetar las garantías electorales, no podía haber inhabilitaciones políticas por vía administrativa. Sin embargo, como lo reseñaron los ExPresidentes, luego de la firma del Acuerdo de Barbados:

"De forma inmediata, el Sr Diosdado Cabello, alter ego del gobierno de Nicolas Maduro y cabeza del partido oficial, el PSUV, declaró: "No hay ni una sola posibilidad, ni una, ni media, ni cero coma dos, ni cero coma uno de posibilidad que una persona que esté inhabilitada pueda ser habilitada en una elección presidencial". Además de ser incierta la señalada inhabilitación, forjada por el gobierno, sin que medie

---

iaba.org/federacion-interamericana-de-abogados-pronunciamiento-venezuela-sobre-la-situacion-electoral-en-venezuela//

[24]   Véase Departamento de Estado, USA, "Suscripción de hoja de ruta electoral entre la Plataforma Unitaria y representantes de Maduro," 18 de octubre de 2023, disponible en https://www.state.gov/translations/spanish/suscripcion-de-hoja-de-ruta-electoral-entre-la-plataforma-unitaria-y-representantes-de-maduro/

[25]   Véase Comunicado de 26 de octubre de 2023, en https://idea-democratica.org/declaraciones

algún proceso y menos, como lo exige la Constitución, una condena definitivamente firme de carácter penal, lo así expresado por el personero oficial se agrava al seguirle el paso la señora Cilia Flores, esposa del presidente Maduro, quien en presencia de este y ante la nación declaró lo siguiente: "Que los responsables del fraude de esta primaria respondan ante las autoridades por su delito". [26]

Incluso, "atendiendo" al absurdo requerimiento, sin duda para amedrentar, el Fiscal General de la República el 28 de octubre de 2023, citó a los miembros de la directiva de la Comisión de primaria "para ir a declarar por el presunto «fraude» de las primarias del pasado 22 de octubre."[27]

---

[26]   Véase Comunicado de 26 de octubre de 2023, en https://idea-democratica.org/declaraciones.

[27]   Véase la noticia en "Venezuela: Fiscalía abre investigación por presunto fraude en los comicios opositores," *France24*, 26 de octubre de 2023, disponible en https://www.france24.com/es/américa-latina/2023 1026-venezuela-fiscalía-abre-investigación-por-presunto-fraude-en-los -comicios-opositores

II

LA ABSURDA "SUSPENSIÓN" DE LAS ELECCIONES PRIMARIAS DE LA OPOSICIÓN, QUE YA SE HABÍAN REALIZADO Y NO PODÍAN SER SUSPENDIBLES, Y LA INHABILITACIÓN POLÍTICA DECIDIDA "JUDICIALMENTE" POR MAMPUESTO, DE MARÍA CORINA MACHADO EN 2023

1. *El Poder Judicial, de nuevo, contra la sociedad civil y los derechos ciudadanos a la participación política y la libre expresión del pensamiento*

El día 30 de octubre de 2023, el país quedó sorprendido por la aparición de un "aviso" en la página web del Tribunal Supremo de Justicia anunciando la emisión de una sentencia No. 122 de la Sala Electoral (Expediente No. 2023-0000065), supuestamente emitida en una "Ponencia Conjunta" de todos sus magistrados, y mediante la cual se habían supuestamente "suspendido todos los efectos de las distintas fases del proceso electoral conducido por la "Comisión Nacional de Primarias" el 22 de octubre de 2023,"[28] en el cual más de dos millones de

---

[28] Aviso disponible en: http://www.tsj.gob.ve/decisiones#. Véase sobre la sentencia: Observatorio Venezolano de Justicia "Los cinco vicios que hacen nula la inhabilitación de María Corina Machado," *en Morfema Press*, 10 de julio de 2023, disponible en: ttps://morfema.press/actualidad/los-cinco-vicios-que-hacen-nula-la-inhabilitacion-de-maria-corina-machado/

personas, en ejercicio de su libertad de pensamiento que garantiza la Constitución, habían manifestado libremente su voluntad de que la Sra. María Corina Machado fuera la Candidata de la oposición en las elecciones presidenciales previstas para julio de 2024.

Aparte del disparate que significa que un Tribunal pretenda desconocer, con una decisión, un hecho que efectivamente ocurrió, es decir, la participación masiva y libre de más de dos millones de personas en un proceso de selección de candidatos llevado a cabo efectivamente en Venezuela y en muchos otros países el día 22 de octubre de 2023, enteramente organizado por la entidades de la sociedad civil, bajo la conducción de la Comisión Nacional de Primarias, sin participación alguna de órganos ni entidades públicas civiles o militares; la supuesta decisión que se habría tomado sería, si es que existió, violatoria de la libertad de expresión y del derecho a la participación política garantizados en la Constitución.

Como lo resumió la Academia de Ciencias Políticas y Sociales en su Pronunciamiento del mismo día del "aviso", el 30 de octubre de 2023:

"El artículo 67 de la Constitución establece que: "*Todos los ciudadanos y ciudadanas tienen el derecho de asociarse con fines políticos, mediante métodos democráticos de organización, funcionamiento y dirección. Sus organismos de dirección y sus candidatos o candidatas a cargos de elección popular serán seleccionados o seleccionadas en elecciones internas con la participación de sus integrantes.*" (Resaltados añadidos). Asimismo, el artículo 57 constitucional consagra expresamente que los ciudadanos tienen el derecho "*a expresar libremente sus pensamientos, sus ideas u opiniones de viva voz, por escrito o mediante cualquier otra forma de expresión y de hacer uso para ello de cualquier medio de comunicación y difusión sin que pueda establecerse censura.*" En tal sentido, con base en esas libertades políticas, organizaciones de la sociedad civil y partidos políticos de oposición organizaron para el día 22 de octubre de 2023, elecciones abiertas a todos los ciudadanos, para escoger su candidato presidencial."[29]

El proceso organizado al amparo de la Comisión Nacional de Primarias, por tanto, fue un proceso desarrollado íntegramente por una organización de la sociedad civil, con el respaldo de organizaciones y partidos políticos de oposición, para garantizar a los ciudadanos el ejercicio de su derecho a la participación política y libertad de expresión en la escogencia de la Candidata de la oposición para la elección presidencial de 2024, en el cual no participó ni tenía que participar, en forma alguna, el Consejo Nacional Electoral ni ningún otro ente público.

2. *Una supuesta decisión que no se dio a conocer dictada a destiempo quizás por duda, inseguridad o temor*

Señalaba el "aviso" de la Sala Electoral del Tribunal Supremo de Justicia, que de nuevo el señor José Dionisio Brito Rodríguez (a quien se identifica como "Parte"), actuando "en *su carácter de aspirante a participar en las elecciones primarias del día 22 de octubre de 2023*," habría intentado un "recurso contencioso electoral con amparo cautelar" "contra los actos inconstitucionales e ilegales de la Comisión Nacional de Primarias, que realizó el proceso electoral de primaria el pasado domingo 22 de octubre de 2023, para elegir la candidata o candidato presidencial unitario para las elecciones presidenciales de 2024."

De la redacción del texto del "aviso," lo primero que resalta es que quien habría intentado el "recurso" lo habría hecho en su carácter de "*aspirante a participar en las elecciones primarias del día 22 de octubre de 2023*," como un hecho por ocurrir, de

---

[29] Disponible en: https://www.acienpol.org.ve/pronunciamientos/pronun
ciamiento-de-la-academia-de-ciencias-politicas-y-sociales-sobre-las-
elecciones-primarias/

lo que se deduce que el recurso habría sido intentado antes de esa fecha y, por supuesto, con el propósito, sin duda, de obtener una decisión judicial que se dictara *antes* del 22 de octubre y que impidiera la realización de las elecciones primarias.

La Sala Electoral no emitió decisión, quizás por duda, por inseguridad, o por temor, y habría entonces procedido a dictar a destiempo lo que quizás se asemeja más a lo que se le habría pedido que dictara y que sería una decisión que impidiera la realización del acto libre de escogencia del candidato presidencial en las primarias de la Oposición del 22 de octubre de 2023.

Pero al hacerlo, después de ocurridos los hechos, la supuesta decisión lo que parecía era una payasada al pretender "dejar sin efectos" lo que ya había ocurrido, a la vista de todos, y que no podía borrarse del tiempo, pues el pasado no se puede extinguir por sentencia; resultando, además, de los elementos que se publican en el "aviso", que la actuación de la Sala Electoral sería no solo ilegal sino también inconstitucional.

3. *El supuesto "recurso contencioso electoral" que habría dado origen a la anunciada sentencia no era tal, por lo que había sido admitido ilegalmente*

En el "aviso oficial" de la supuesta sentencia No. 122 del 30 de octubre de 2023 informó que el "recurso contencioso electoral con amparo cautelar" había sido intentado por el sujeto de nombre "José Dionisio Brito Rodríguez [...] en su carácter de aspirante a participar en las elecciones primarias del día 22 de octubre de 2023:"

> "contra *los actos inconstitucionales e ilegales de la Comisión Nacional de Primarias*, que realizó el proceso electoral de primaria el pasado domingo 22 de octubre de 2023, para elegir la candidata o candidato presidencial unitario para las elecciones presidenciales de 2024."

Esos "actos" de la Comisión Nacional de Primarias de realización del proceso electoral de primaria por supuesto no eran "actos" que pudieran impugnarse mediante un "recurso contencioso electoral" por ante la Sala Electoral del Tribunal Supremo de Justicia.

Conforme se indica en el artículo 297 de la Constitución, la Sala Electoral del Tribunal Supremo de Justicia ejerce la "jurisdicción contencioso electoral," y ésta, conforme al artículo 27 de la Ley Orgánica del Tribunal Supremo de Justicia, la ejerce dicha Sala cuando se intentan ante ella "recursos contencioso electorales" para que pueda:

"1. Conocer las demandas contencioso electorales que se interpongan contra los actos, actuaciones y omisiones de los órganos del Poder Electoral, tanto los que estén directamente vinculados con los procesos comiciales, como aquellos que estén relacionados con su organización, administración y funcionamiento.

2. Conocer las demandas contencioso electorales que se interpongan contra los actos de naturaleza electoral que emanen de sindicatos, organizaciones gremiales, colegios profesionales, organizaciones con fines políticos, universidades nacionales y otras organizaciones de la sociedad civil.

3. Conocer las demandas de amparo constitucional de contenido electoral, distintas a las atribuidas a la Sala Constitucional."

Es decir, se trata de una competencia exclusiva de la Sala Electoral que queda reducida a conocer de la impugnación:

Primero, de "actos, actuaciones y omisiones *de los órganos del Poder Electoral*," y

Segundo, de "los *actos de naturaleza electoral* que emanen de sindicatos, organizaciones gremiales, colegios profesionales, organizaciones con fines políticos, universidades nacionales y otras organizaciones de la sociedad civil."

Los primeros son básicamente actos administrativos emanados de órganos del Estado, y los segundos son actos de organizaciones *no estatales*, de la sociedad, mediante los cuales se elijan sus propias autoridades, es decir, los miembros de los órganos de dirección de los sindicatos, de las organizaciones gremiales, de los colegios profesionales, de las organizaciones con fines políticos (partidos políticos), de las universidades nacionales y de otras organizaciones de la sociedad civil.

Nada más. La Sala Electoral no tiene otras competencias distintas a las antes enunciadas, y no puede entrar a conocer de "impugnaciones" contra actos de entidades de la sociedad civil que no sean de "naturaleza electoral" es decir, que no se refieran a la elección de sus autoridades.

4. *La incompetencia de la Sala Electoral para conocer del supuesto recurso intentado*

Además de lo anterior, y también como cuestión de inadmisibilidad, conforme a lo que se informó en el "anuncio oficial" de la supuesta sentencia No. 122 de la Sala Electoral, el "recurso contencioso electoral" que habría sido intentado por el Sr. Brito, *no encajaba* dentro de las competencias legales de la Sala Electoral, pues como se indicó, no se había impugnado ningún acto de algún órgano del Poder Electoral, ni tampoco acto alguno *de "naturaleza electoral"* de organizaciones no estatales con fines políticos o de la sociedad civil. Es decir, no se había intentado contra un acto de alguna organización de la sociedad mediante el cual se hubiese elegido a los miembros de los órganos de dirección de las mismas. Por ello, lo que debió haber decidido la Sala Electoral si era que el recurso se había intentado, era la declaratoria de su propia incompetencia para conocer del mismo.

Al contrario, la Sala Electoral, "anunció" en el "aviso" que mediante la desconocida sentencia habría resuelto declarar:

"1) Su *competencia* para conocer el presente Recurso Contencioso Electoral ejercido con Amparo Cautelar contra la "Comisión Nacional de Primarias" y todos los actos dictados en el "proceso del evento político de primarias" realizado el 22 de octubre de 2023, de cara a las venideras elecciones presidenciales de la República Bolivariana de Venezuela en el año 2024."

Una decisión semejante lo que puso en evidencia fue la más absoluta ignorancia por parte de la Sala Electoral de las reglas que rigen su propia competencia.

Como lo explicó con meridiana claridad la *Academia de Ciencias Políticas y Sociales* en su pronunciamiento del día 30 de octubre de 2023:

"3.- Ese ejercicio de los derechos políticos, no constituye usurpación de función publica alguna del Consejo Nacional Electoral (CNE), conforme a la Constitución y la Ley Orgánica del Poder Electoral (LOPE). En efecto, dicho ente comicial, solo actúa en este tipo de proceso, si los organizadores del evento electoral así lo solicitan. Por su parte, el artículo 293 constitucional dispone que el CNE tiene entre sus competencias, organizar las elecciones de sindicatos, gremios profesionales y organizaciones con fines políticos "en los términos que señale la ley". En ese sentido, la LOPE dispone en su artículo 33, numeral 2, la competencia del CNE para organizar aquel tipo de elecciones, "respetando su autonomía e independencia", en pleno acatamiento de los tratados internacionales suscritos por Venezuela sobre la materia, con el solo objeto de "suministrarles el apoyo técnico y logístico correspondiente". El mismo párrafo de la ley, a renglón seguido, dispone luego de mencionar las elecciones de gremios profesionales, organizaciones con fines políticos y de la sociedad civil que, en este último caso, el CNE ejercerá su competencia "cuando así lo soliciten o cuando se ordene por sentencia firme de la Sala Electoral del Tribunal Supremo de Justicia".

3.- De las normas constitucionales y legales citadas, debe interpretarse que: (i) la organización de las elecciones a que se refiere el ordenamiento jurídico son las internas de los partidos políticos, pero no la selección de sus candidatos a cargos de elección popular; (ii) la competencia del CNE se limita a suministrarles apoyo técnico y logístico, pero no a celebrarlas y; (iii) para que proceda dicho apoyo del CNE lo debe solicitar el partido político cuya elección interna se va a realizar o haberlo ordenado sentencia firme de la Sala Electoral del Tribunal Supremo de Justicia.

4.- Es un hecho público notorio que la Comisión Nacional de Primarias (CNP) solicitó al CNE el apoyo técnico y logístico correspondiente, solicitud a la que no se dio respuesta por varios meses; no habiendo sido sino pocos días antes de celebrarse las elecciones primarias que se reunieron la CNP y el CNE para discutir el posible apoyo técnico y logístico que éste podía brindar. En ese proceso nunca expresó el CNE que la organización de esa elección primaria era de su competencia exclusiva y excluyente." [30]

De modo que, no sólo la Sala Electoral tenía que haber declarado que carecía de competencia para conocer del supuesto "recurso contencioso electoral," sino que debió haber declarado expresamente la inadmisión del mismo porque la "Comisión Nacional de Primarias," además, no era ni siguiera es una "organización con fines políticos" (partidos políticos) en los términos del artículo 67 de la Constitución, por lo que sus actos y actuaciones en ningún caso podían ser impugnados ante la Sala Electoral.

---

[30] Disponible en: https://www.acienpol.org.ve/pronunciamientos/pronun ciamiento-de-la-academia-de-ciencias-politicas-y-sociales-sobre-las-elecciones-primarias/

Al contrario, sin embargo, contra todo principio jurídico aplicable al caso, la Sala Electoral anunció en su "aviso" que había decidido admitir el "Recurso Contencioso Electoral interpuesto por el ciudadano Diputado de la Asamblea Nacional José Dionisio Brito Rodríguez."

5. *La ilegítima declaratoria con lugar de un "amparo cautelar" y la supuesta "suspensión" de todos los efectos de las distintas fases del proceso electoral conducido por la "Comisión Nacional de Primarias"*

El desquiciamiento del orden jurídico y del rol esencial de un tribunal en la búsqueda de la justicia, que es su obligación primordial, llegó a niveles de paroxismo nunca antes vistos, en el "aviso" de la Sala Electoral, al anunciarse la emisión de una "sentencia" entonces desconocida, que había declarado la "procedencia" de una solicitud de amparo cautelar contra el proceso conducido por la Comisión Nacional de Primarias.

No sólo se desconocía entonces cual había sido el derecho constitucional del "recurrente" que supuestamente se había denunciado como violado o amenazado de violación, sino que tampoco se supo cuál pudo haber sido la prueba que había presentado el recurrente ante la Sala Electoral, que habría sido tan determinante y convincente, como para que de inmediato sus Magistrados captaran la existencia de una supuesta "presunción de su buen derecho," o de algún "peligro de mora" o de "daño irreparable" respecto del recurrente, que había ameritado, *ex post facto,* dictar la medida que pretendió borrar el pasado, y *suspender* "todos los efectos de las distintas fases del proceso electoral conducido por la "Comisión Nacional de Primarias," es decir, de hechos que ya ocurrieron y pasaron.

¿Qué era esto? Es lo que habría que preguntarse. ¿En qué consistió lo decidido?

En decir, dejando aparte el absurdo evidente, cabía preguntarse:

¿Es que con la decisión anunciada se pretendió declarar y decidir que la Comisión Nacional de Primarias no hizo lo que hizo durante meses en el desarrollo del proceso de escogencia del candidato de oposición para la elección presidencial de 2024?

¿Cómo se podían suspenden los efectos de hechos que ya habían ocurrido en realidad?

¿Cómo se podía "suspender" el hecho real y efectivo de que la Comisión de Primarias organizó dicho proceso, en todas sus fases?

¿Cómo se podían suspender los efectos del hecho real y efectivo de que el 22 de octubre de 2023 se constituyeron cientos de mesas de votación en todo el país y en el exterior, y de que efectivamente concurrieron más de dos millones de personas y manifestaron su opinión mayoritariamente por la candidata María Corina Machado?

¿Cómo se podían suspender los efectos de todo eso, si se trataba de hechos que ya se habían realizado, cumplido y agotado?

De nuevo, hay que recordarle a la Sala Electoral que los hechos pasados ya cumplidos y sus efectos no se pueden "suspender." El pasado no se puede borrar, y menos mediante decisión judicial de un tribunal incompetente.

6. *Las inconstitucionales "ordenes" dadas a la Comisión Nacional de Primarias que la misma no está obligada a cumplir*

Pero el paroxismo de la patología de la "justicia electoral' en Venezuela, que ha quedó reflejado en este caso, puede decirse que tuvo su cúspide en las "ordenes" judiciales que la Sala Electoral emitió a través de la supuesta sentencia, todas las cuales serían inconstitucionales, y que nadie en su sano juicio podría estar obligado a cumplir.

Y es que como si lo que ya se ha dicho no bastaba, hay que advertir que en el "aviso" que dio cuenta de la supuesta sentencia clandestina, omitiéndose cualquier indicación respecto de los elementos de convicción que el recurrente había podido consignar con su recurso, es decir, sin mencionarse los documentos fundamentales que se habrían presentado con el "recurso," en dicho "aviso" se indicó que se habría ordenado a la "Comisión Nacional de Primaria" de conformidad con el artículo 184 de la Ley Orgánica del Tribunal Supremo de Justicia, remitir a la Sala Electoral:

"los Antecedentes Administrativos, contentivos de las veinticinco (25) fases que deben regir al Proceso Electoral, desde la Convocatoria y su constitución como Comisión Electoral, pasando por el Cronograma Electoral, Registro Electoral con sus lapsos de impugnación y depuración, Postulaciones con sus lapsos de impugnación y depuración, incluyendo el Acta de Aceptación de la Postulación, formulada por la ciudadana inhabilitada de manera firme por quince (15) años, María Corina Machado; así como las renuncias del ciudadano Henrique Capriles, inhabilitado de manera firme por quince (15) años, Freddy Superlano, inhabilitado de manera firme por siete (7) años, y las de cualquier otro ciudadano o ciudadana que haya decidido renunciar a su candidatura; las Actas del evento celebrado el 22 de octubre de 2023, incluidas las Actas de Constitución de las Mesas Electorales, los Cuadernos de Votación, las Papeletas de Votación, las Actas de Escrutinios, así como las Actas de Totalización Regionales, el Acta de Totalización Definitiva, el Acta de Adjudicación y la de Proclamación. Debiendo también remitir un Informe sobre los aspectos de hecho y de derecho, indicando el mecanismo empleado para el resguardo del material electoral y el lugar destinado a tal efecto; todo ello relacionado con la demanda, según lo establecido en el artículo 184 eiusdem, en un lapso de tres (3) días de despacho contados a partir de su notificación."

De entrada, había que observar que la Sala Electoral, al dictar semejante medida lo hizo ignorando lo que prevé el artículo 184 de la Ley Orgánica del Tribunal Supremo que establece que el requerimiento de "antecedentes administrativos" solo se puede formular al "ente u órgano demandado"; siendo que de acuerdo al artículo 15 de la Ley Orgánica de la Administración Pública, los "entes y órganos" solo pueden ser los que están integrados en la Administración del Estado.

La Comisión Nacional de Primarias no es ni un "órgano" ni un "ente" de la Administración Pública y no podía ser objeto de un requerimiento de esta naturaleza; menos aún, si el material utilizado para el desarrollo del proceso de las primarias, según entiendo, estaba previsto en las bases del proceso, ya habría sido destruido para el momento de la aparición del "aviso" de la sentencia clandestina, el 30 de octubre de 2023.

7. *La inconstitucional afirmación judicial de que determinados candidatos a las primarias estaban inhabilitados "de manera firme"*

Pero lo más grave de la orden de la Sala Electoral que, como se ha señalado, además de ser inconstitucional era de imposible cumplimiento, fue que según se anunció en el "aviso" de la sentencia clandestina, en la decisión se habría afirmado y dado por cierto y firme, en forma absolutamente ilegal e inconstitucional, que determinados candidatos de la oposición supuestamente habían sido inhabilitados políticamente.

En particular, el "aviso" judicial da cuenta de que al requerirse de la Comisión Nacional de Primarias la remisión del "Acta de Aceptación de la Postulación," formulada por los candidatos, la Sala Electoral había afirmado impúdicamente, es decir, literalmente, según el *Diccionario de la Real Academia*, "deshonestamente, sin pudor, sin recato, con el cinismo propio de defender cosas vituperables," que "*María Corina Machado* supuestamente estaría *"inhabilitada de manera firme por quince (15) años;"* que *Henrique Capriles* supuestamente estaría *"inhabilitado de manera firme por quince (15) años"* y que *Freddy Superlano*, estaría supuestamente *"inhabilitado de manera firme por siete (7) años."*

Estas "afirmaciones" que se hicieron en el texto del "aviso" de la supuesta sentencia, y que se presume estarían incluidas en el texto de la misma, fueron por supuesto absolutamente inconstitucionales, por violatorias de los derechos políticos de estos ciudadanos, en particular del derecho a ser electo, que solo puede restringirse por decisión judicial, que en ningún caso se ha dictado contra ellos (art. 65, Constitución).

¿En qué se podría haber basado la Sala Electoral, como se informó en el "aviso" para afirmar que María Corina Machado estaba "inhabilitada de manera firme por 15 años"?

María Corina Machado no estaba ni está jurídicamente inhabilitada políticamente en forma alguna. No hay decisión administrativa ni judicial alguna que haya impuesto tal sanción contra ella en algún procedimiento administrativo o judicial en el cual se haya respetado el debido proceso. Es sabido que en 2015 fue dictada en su contra una decisión de inhabilitación política por el Contralor General de la República con base en el artículo 105 de la Ley Orgánica de la Contraloría por el lapso de 12 meses, que concluyó en 2016. Pero con posterioridad no ha habido procedimiento alguno en su contra, ni decisión alguna que la haya inhabilitado, y menos por 15 años.

Cabía preguntarse, si había sido que el recurrente había presentado ante la Sala Electoral, como supuesto documento fundamental de su "improponible" "recurso," la ilegal "certificación de mera relación" antes comentada que le emitió un funcionario subalterno de la Contraloría General de la República (Director de Procedimientos Especiales) mediante oficio No. DGPE-23-08-00-008 de fecha 27 de junio de 2023, violando la prohibición que está establecida para todos los funcionarios en el artículo 172 de la Ley Orgánica de la Administración Pública, en la cual ese funcionario subalterno afirmó que:

47

"se continúa con la investigación patrimonial encontrándose que la ciudadana María Corina Machado Parisca, titular de la cedula de identidad No. V.-6.914.799, está inhabilitada para el ejercicio de cualquier cargo público por el periodo de quince (15) anos, de conformidad con lo establecido en el artículo 105 de la Ley Orgánica de la Contraloría General de la República y del Sistema Nacional de Control Fiscal y numeral 2 del artículo 44 de la Ley Contra la Corrupción."[31]

No solo esa afirmación no tenía ni tiene asidero legal alguno, sino que no está contenida en un acto administrativo en el cual esté impuesta alguna sanción de inhabilitación. En la "certificación de mera relación" citada, únicamente se da cuenta de la continuación de una supuesta investigación en la cual supuestamente se habría "encontrado" – como quien encuentra un objeto casualmente – que la Sra. Machado *está inhabilitada para el ejercicio de cualquier cargo público por el periodo de quince (15) años, de conformidad con lo establecido en el artículo 105 de la Ley Orgánica de la Contraloría General de la República."*

Por lo visto, el funcionario subalterno, al hacer su ilegal relación, no se percató que la norma que citó le atribuye al Contralor General de la República la competencia *exclusiva y excluyente* para dictar Resoluciones decretando (así sea inconstitucionalmente) las inhabilitaciones políticas, y que en el caso de la Sra. Machado, no existe Resolución alguna del Contralor General mediante la cual se haya tomado tal decisión, y que haya sido publicada en la *Gaceta Oficial* como todas las de ese tipo.

---

[31] Véase el texto de dicho documento en mi estudio: Allan R. Brewer-Carías, "El intento de inhabilitación política contra María Corina Machado, en el marco del colapso total del país, producto de la guerra que un Estado depredador, conducido por una cleptokakistocracia, ha desatado contra la ciudadanía," New York, 2 de julio de 2023. Disponible en: https://allanbrewercarias.com/wp-content/uploads/2023/07/Allan-R-Brewer-Carias.-El-burdo-intento-de-inhabilitar-politicamente-a-Maria-Cornina-machado-2-7-2023-1.pdf

Y ello lo sabía la sala Electoral, que no tenía ante sí acto administrativo o sentencia alguna que la llevara a afirmar falsamente que estaba declarada inhabilitada "en firme."

Por ello puede afirmarse, sin lugar a dudas, que María Corina Machado no está ni ha estado inhabilitada,[32] con lo cual la Sala Electoral incurrió en un grave, inexcusable y craso error judicial de haber afirmado, como da cuenta en su "aviso" y sin fundamento legal alguno, que supuestamente estaría "inhabilitada de manera firme por quince años."

La ausencia de publicación de la sentencia, por otra parte, impidió que la misma pudiese ser del conocimiento del *Comité de Derechos Humanos* de la ONU para cuando elaboró las "*Observaciones finales sobre el quinto informe periódico de la República Bolivariana de Venezuela*", publicadas en Ginebra el 3 de noviembre de 2023 (tres días después de la publicación del "aviso"). De haber sido de su conocimiento, ello hubiera podido reforzar lo que en dichas *Observaciones* se afirma, en el sentido de que:

> 35. [...] El Comité continúa seriamente preocupado por la situación del Poder Judicial en el Estado parte, particularmente en lo que atañe a su autonomía, independencia e imparcialidad, especialmente dado los supuestos vínculos de varios jueces y magistrados, incluso del Tribunal Supremo de Justicia con los partidos políticos. Asimismo, preocupan las sentencias del Tribunal Supremo de Justicia que cercenan los derechos de participación política con la destitución de representantes públicos elegidos democráticamente, su ilegal arresto y la negación de sus privilegios e inmunidades constitucionales (art. 2 y 14).

---

[32] Véase igualmente Juan Manuel Raffalli, "Sobre la propuesta en materia de inhabilitaciones," *La Gran Aldea*, 5 de diciembre de 2023, disponible en: https://lagranaldea.com/2023/12/05/sobre-la-propuesta-en-materia-de-inhabilitaciones/

"45. El Comité observa con gran preocupación las denuncias sobre las restricciones al espacio democrático, ya sea por acción u omisión, de las *instituciones judiciales* y constitucionales como el Consejo Nacional Electoral, la Defensoría del Pueblo, la Controlaría General de la República, y el *Tribunal Supremo de Justicia*, incluido mediante la inhabilitación política para impedir que miembros de la oposición se postulen a cargos públicos. En este sentido, lamenta los informes indicando que algunos opositores políticos han sido ya inhabilitados para participar en las elecciones presidenciales previstas para 2024 [...]"

De lo anterior, formuló el Comité, de nuevo, reiteradas recomendaciones al Estado como la de exigir "

"La celebración de elecciones nacionales, regionales y municipales justas, transparentes, inclusivas y pluralistas, garantizando el debido proceso y la transparencia en los procedimientos administrativos llevados a cabo por la Controlaría General de la República con respecto a las inhabilitaciones de candidatos a cargos públicos, garantizando un recurso judicial efectivo contra tales inhabilitaciones" (par. 46.b).[33]

Lo lamentable ante estas *Recomendaciones* es que a pesar de que no eran las primeras que se formulan al país, todo seguía y sigue igual o peor, continuando los ciudadanos con su lamento.

---

[33] Disponible en: https://provea.org/actualidad/derechos-civiles-y-politicos/observaciones-finales-sobre-el-5to-informe-periodico-de-venezuela/

III

LA INCONSTITUCIONAL REAFIRMACIÓN JUDICIAL DE LA INHABILITACIÓN POLÍTICA DE MARÍA CORINA MACHADO EN 2024

Como bien lo explicó el profesor Alí Daniels, de la ONG Acceso a la Justicia,

"cuando expiraba el plazo dado por Washington [al Gobierno de Venezuela] para dar señales de que se permitiría a los inhabilitados concurrir a los próximos comicios presidenciales de 2024, así como liberar a presos políticos, so pena de volver a tomar medidas revocando o restringiendo las licencias que alivian las sanciones [impuestas por el Gobierno Norteamericano], el Gobierno venezolano presentó una propuesta de procedimiento judicial para revisar las inhabilitaciones y así dar cumplimiento, por lo menos parcial, al acuerdo firmado en Barbados en octubre pasado."[34]

Esa propuesta se dio a conocer el 30 de noviembre por el Embajador de Noruega en México, en su carácter de "facilitador del Proceso de Diálogo y Negociación de Venezuela," confirmando la recepción, conforme al "Acuerdo Parcial sobre la

---

[34] En *Acceso a la Justicia*, "¿Cómo opera la vía judicial a la que acudió la candidata de la oposición venezolana, María Corina Machado?, 20 de diciembre de 2023, disponible en https://accesoalajusticia.org/como-opera-la-via-judicial-a-la-que-acudio-la-candidata-de-la-oposicion-venezolana-maria-corina-machado/

Promoción de Derechos Políticos y Garantías Electorales para Todos," de la propuesta de un "Procedimiento para la revisión de las medidas de inhabilitación acordadas por la Contraloría General de la República," que complementaba y desarrollaba las condiciones electorales convenidas en el Acuerdo Parcial del Acuerdo de Barbados, destinado "procurar la revisión de las medidas de inhabilitación dictadas por la Contraloría General de la República, a diversas personas que aspiran postularse como candidatos en las elecciones presidenciales del año 2024," con las siguientes reglas:

1. Cada uno de Los Interesados acudirá personalmente ante la Sala Político Administrativa del Tribunal Supremo de Justicia para ejercer el recurso contencioso administrativo que corresponda contra la medida de inhabilitación dictada por la Contraloría General de la República, acompañada de una solicitud de amparo cautelar, en el lapso establecido desde el primero de diciembre hasta el 15 de diciembre de 2023, en días continuos y sucesivos.

2. La Sala Político Administrativa del Tribunal Supremo de Justicia se pronunciará sobre la admisión de la demanda y el amparo cautelar solicitado, conforme a los principios de celeridad, eficiencia y eficacia recogidos en la Constitución."

Los Interesados y el Gobierno, además, otros "compromisos" de actuar conforme al ordenamiento jurídico, asumieron el de "Acatar en el marco constitucional la decisión del Tribunal Supremo de Justicia que emane de este recurso."[35]

---

[35] Véase el texto: "Como facilitador del Proceso de Diálogo y Negociación de Venezuela, Noruega confirma recepción del siguiente procedimiento, conforme al Acuerdo Parcial sobre la Promoción de Derechos Políticos y Garantías Electorales para Todos, en ttps://twitter.com/NoruegaMexCA/status/1730392775198122298/photo/2

A pesar de que, conforme al ordenamiento jurídico vigente en el país, lo único recurso judicial que cabía para impugnar la inconstitucional decisión de la Sala Electoral del Tribunal Supremo declarando por mampuesto la inhabilitación política de María Corina Machado (No. 122 del 30 de octubre de 2023), era obviamente el recurso de revisión constitucional ante la Sala Constitucional por violación al derecho a la defensa y al debido proceso, la dirigencia política creyó en parte en este "invento" del gobierno de una acción contencioso administrativa y amparo, la cual formularon, aún cuando sin dejar de expresar su protesta como lo hizo María Corina Machado al declarar que:

> "Fuimos al TSJ a desafiar a Maduro y al régimen, a eso fuimos, y vamos a dejar claro, como allí se establece en el documento que introdujimos, que no estoy inhabilitada, que ese es un acto inexistente y, por lo tanto, el recurso que introdujimos es una demanda de reclamación por vía de hecho (...) y le corresponderá al TSJ reconocerlo también".[36]

Pero como lamentablemente ya estaba anunciado por el gobierno, el Tribunal Supremo por Supuesto no reconoció que María Corina Machado no estaba inhabilitada, como en efecto, jurídicamente no lo estaba ni está, de manera que un mes después, incluyó en su Portal de información de sentencias el "anuncio" de una sentencia No. 5 dictada por la Sala Política Administrativa del Tribunal Supremo el día 26 de enero de 2024, cuyo contenido nunca se ha podido conocer porque no ha sido publicada,[37] dictada en el Expediente No. 2023-0461, en un "procedimiento" (se cuidaron de no calificarlo ni siquiera de "proceso") originado por una demanda interpuesta por María Corina Machado Parisca "conjuntamente con acción de amparo cautelar contra la vía de

---

[36] Reseña de *Agencia EFE*, 15 diciembre de 2023. Disponible en https://www.msn.com/es-es/noticias/internacional/maría-corina-machado-asegura-que-acudió-al-supremo-para-desafiar-a-maduro-y-al-régimen/ar-AA1IzuC8

[37] Portal consultado por última vez el 5 de mayo de 2024, http://www.tsj.gob.ve/decisiones#

hecho por las presuntas actuaciones materiales ejercidas por la Contraloría General de la República."

En el aviso se informó sobre la adopción, en la desconocida sentencia, de las siguientes decisiones ("La Sala declara")

1. Que se declaró *"COMPETENTE para conocer de la demanda de reclamación conjuntamente con amparo cautelar contra vías de hecho intentada por la ciudadana María Corina Machado Parisca"*.

Se trataba, obviamente, de la vía que había sido "recomendada" por el Gobierno en el marco del Acuerdo de Barbados.

2. Que *"ADMITE la demanda."*

3. Que declara *"IMPROCEDENTE la solicitud de amparo cautelar"*.

Con ello en definitiva ignoró la Sala Político Administrativa que mediante la sentencia de la Sala Electoral de fecha 30 de octubre de 2023 se había violado el debido proceso y derecho a la defensa de María Corina Machado al declararse en forma "firme" había sido objeto de una sanción de inhabilitación que supuestamente se narró en la "certificación de mera relación" emitida por la Contraloría y dirigida a un Sr. Luis Brito el 27 de junio de 2023, sin indicarse entonces ni quién, ni cómo, ni cuándo se había dictado una decisión de inhabilitación política en su contra.

4. Que declara *"SIN LUGAR la "demanda de reclamación conjuntamente con amparo cautelar" contra "las vías de hecho en las que han incurrido la Contraloría General de la República (...) [mediante] oficio Nro. DGPE-23-0-00-008, dictado en fecha 27 de junio de 2023", interpuesta en fecha 15 de diciembre de 2023, por la ciudadana María Corina Machado Parisca, asistida por el abogado Perkins Rocha Contreras"*.

Con ello, la Sala dejó invariables y ratificó todas las violacionesn a sus derechos constitucionales

5. Que *"Se RATIFICA la constitucionalidad del artículo 105 de la Ley Orgánica de la Contraloría General de la República y en consecuencia el Contralor General de la República está facultado para establecer sanciones de inhabilitación"*

Ignoró la Sala en el anuncio de la desconocida sentencia que dichas sanciones solo pueden imponerse a funcionarios públicos por actividades cumplidas en ejercicio de sus funciones, y María Corina Machado solo fue diputada entre 2010 y 2014, oportunidad en la cual incluso fue sancionada por un periodo de 12 meses por haber formulado en forma incompleta su declaración jurada de bienes (que en realidad fue para impedirle participar en las elecciones parlamentarias de 2015). Dichas sanciones indicadas en el artículo 105 de la Ley de la Contraloría, implican restricción al derecho a ejercer cargos públicos de designación, de manera que las mismas son consecuencia de la de destitución de funcionarios de nombramiento, no pudiendo en realidad imponerse a funcionarios electos, para restringirles su derecho a ser elegidos que solo puede ser acordado por decisión judicial

6. Que *"la ciudadana María Corina Machado Parisca, de conformidad con la Resolución N° 01-00-0000285 de fecha 16 de septiembre de 2021 está inhabilitada por quince (15) años por estar incurso en los hechos, ha sido participe de la trama de corrupción orquestada por el usurpador JUAN G. ANTONIO GUAIDÓ M., que propició el bloqueo criminal a la República Bolivariana de Venezuela, así como también, el despojo descarado de las empresas y riquezas del pueblo venezolano en el extranjero, con la complicidad de gobiernos corruptos, dentro de los cuales se destacan la entrega de la empresa CITGO HOLDING, INC y CITGO PETROLEUM CORPORATION con un valor aproximado de treinta y cuatro mil millones de dólares americanos (US$*

34.000.000.000,00) a la empresa canadiense CRYSTA-
LLEX por mil quinientos millones de dólares americanos
(US$ 1.500.000.000,00), lo que causó un daño al patrimo-
nio de la Nación por treinta y dos mil quinientos millones
de dólares americanos (US$ 32.500.000,000,00). La en-
trega (...) de la empresa MONÓMEROS COLOMBO VE-
NEZOLANOS, S.A., la cual fue llevada a la quiebra, el se-
cuestro y robo de las treinta y un (31) toneladas de oro ve-
nezolano (...). Concluyéndose que el bloqueo solicitado por
MARÍA CORINA MACHADO PARISCA, en connivencia
con el usurpador JUAN G. ANTONIO GUAIDÓ M., entre
otros, ha generado el secuestro de cuatro mil millones de
dólares americanos (US$ 4.000.000.000,00) retenidos en el
sistema bancario internacional. (...) ha solicitado la apli-
cación de sanciones y bloqueo económico que generó daños
en la salud venezolana, (...) Genera además la imposibili-
dad de comprar medicamentos antirretrovirales para ga-
rantizar el tratamiento a más de 60 mil pacientes de VIH-
SIDÁ, y que contempla las vacunas para niños y adolescen-
tes (...). (...) no ha dejado que unas 300 mil dosis de insuli-
nas lleguen al país (...)."

Esta declaración es en si misma una barbaridad jurídica,
porque ratifica una supuesta Resolución de la Contraloría (sin
decirse si se dictó o no por el Contralor), que incluso no se citó
en la "certificación de mera relación" del funcionario subalterno
que fue objeto de la demanda intentada, Resolución que nunca
le fue notificada, dictada entonces en un procedimiento en el
cual nunca se la citó no oyó y en el cual nunca pudo defenderse,
ratificándose la inconstitucionalidad que habría sido cometida,
ahora mediante una sentencia que da por condenada a la Sra.
Machado, de todos los males que aquejan a la República, pero
sin haber ella participado en forma alguna en el gobierno de
transición de 2019 a cargo de Juan Guaidó como Presidente in-
terino, y sin haber participado ni directa ni indirectamente en la
administración o gerencia de las empresas del Estado men-

cionadas con actividades en el extranjero. De manera que es imposible ni siquiera cómo imaginar que ella haya sido culpable de todo ello, para lo cual, de nuevo debió haber sido sometida a un procedimiento con contradictorio para poder defenderse.

7. Que: *"Igualmente, dicha ciudadana incumplió las disposiciones establecidas en el artículo 191 de la Constitución de la República Bolivariana de Venezuela, el cual dispone que los diputados y diputadas a la Asamblea Nacional no podrán aceptar o ejercer cargos públicos sin perder su investidura, salvo en actividades docentes, académicas, accidentales o asistenciales, siempre que no supongan dedicación exclusiva, toda vez que aceptó la acreditación como representante alterna de la delegación de la República de Panamá ante la Organización de los Estados Americanos (OEA) a partir del 20 de marzo de 2014, perdiendo así la investidura de Diputada de la Asamblea Nacional."*

A María Corina Machado, en efecto, en 2014 la Sala Constitucional le revocó inconstitucionalmente su mandato de diputado, que de acuerdo con la Constitución, solo puede revocarse mediante referendo revocatorio como lo argumentamos hace una década,[38] incomprensible y peor, risible, que los hechos que motivaron tamaña inconstitucionalidad, aparezcan años después como motivos para imponerle una sanción de inhabilitación política.

8. Que: *"En consecuencia, dado que esta solicitud no cumple con los requerimientos establecidos y exigidos en el Acuerdo de Barbados firmado el 17 de octubre de 2023, la ciudadana MARÍA CORINA MACHADO PARISCA, está*

---

[38]   Véase Allan R. Brewer-Carías, "La revocación del mandato popular de una diputada a la Asamblea Nacional por la Sala Constitucional del Tribunal Supremo de oficio, sin juicio ni proceso alguno (El caso de la Diputada María Corina Machado)," en *Revista de Derecho Público*, No. 137 (Primer Trimestre 2014, Editorial Jurídica Venezolana, Caracas 2014, pp. 165-189

> *INHABILITADA para ejercer funciones públicas por un periodo de quince (15) años, de acuerdo a la Resolución número 01-00-000285, de fecha 16 de septiembre de 2021, emanada de la CONTRALORÍA GENERAL DE LA REPÚBLICA, investigación que fue iniciada en mayo de 2014 y donde fueron tomadas medidas cautelares. Sin perjuicio de las acciones penales y pecuniarias a que pudieran dar lugar sus actuaciones.*"

Con esto culminó la inconstitucionalidad más descarada, pretendiendo el Tribunal Supremo convalidar todas las inconstitucionalidades que había cometido la Contraloría, incluso precisando la Sala que la supuesta decisión de dicho órgano de 2021, que se glosa en el "aviso" de la desconocida sentencia, se habría dictado en un procedimiento clandestino iniciado en 2014, en el cual nunca participo la Sra. Machado, supuestamente dictándose entonces una decisión, inaudita parte, en violación a su derecho a la defensa.

Y lo más insólito de todo es que de la supuesta Resolución N° 01-00-0000285 de fecha 16 de septiembre de 2021 del Contralor, el universo jurídico y la Sra. Machado, solo conoce las referencias de la misma, contenidas en el "aviso" de la sentencia, pues la como se ha dicho la sentencia nunca se publicó, y los a abogados de la Sra Machado no se les permitió acceder al expediente.

La gravedad de la situación la resumió el Dr. Perkin Rocha, abogado de María Corina Machado en Twitter publicados el 28 de enero de 2024, en los que expuso:

> *"La SPA del TSJ, mediante un extracto publicado en su pag web el pasado viernes, día en q nunca despachan y q además se encontraban d inventario; sin habernos dado NUNCA acceso al expdt para conocer los antecedentes admts q la Contraloría supuestamente había consignado, declara: en un solo auto, 1)Su competencia para conocer la Dda contra Vías d Hecho con amparo cautelar d Ma Corina*

Machado; 2) La admite; 3) La improcedencia del amparo cautelar; y, 4) Declara Sin Lugar el fondo d la Dda sin abrir el juicio q previamente admitió, en el mismo auto.

Insólitamente resuelve, en la misma oportunidad q admite, sin mediar el juicio q automáticamente abre (ope legis) su previa declaratoria d admisión. Es decir, in limini litis, sin pruebas, sin defensa, sin ninguna garantía procesal, resuelve el fondo del asunto planteado. Violando los mas elementales principios del debido proceso q cualquier estudiante d Dcho conoce, silencia los argumentos contenidos en la Dda, desoyendo la máxima elemental d decidir ateniéndose "a lo alegado y probado en autos". Y, ¿para q toda esta descomunal carga d groseros y dantescos vicios procesales? Pues para concretar dos objetivos: uno menor y otro mayor:

1) Ratificar la validez del art 105 de la Ley Org d la CGR, el cual se sabe, viola los arts 42 y 65 d la Constitución vigente; y, la joya d la corona del régimen, q pudo anular por control difuso; y..

2) Declarar inhabilitada a Ma. Corina por 15 años, "de acuerdo" a la Resol N°01-00-000285 del 16/09/2021 "emanada" d la Contraloría Gral en tiempos d Elvis Amoroso...

¿Cómo justificarán los "magistrados" d la SPA la evidente contradicción del art 105 d la Ley Org d La CGR con las normas constitucionales antes mencionadas, q establecen q SOLO UNA STCIA PENAL (no una decisión admt del Contralor) puede inhabilitar políticamente a un ciudadano?

¿Cómo justifica la SPA q el contenido d la resolución apócrifa q ellos hoy validan, la N° 01-00-0000285, se refiera a hechos que ya fueron sancionados en el 2015 por la misma CGR en la resolución 01-00-00398 del 13/07/2015? ¿Saben lo q significa "Non bis in idem" ? ¿Les suena?..

¿Por q nunca la SPA del TSJ permitió q el apoderado judicial d MCM, examinara la indicada Resol del 16/09/2021 d la CGR?

¿Por q Amoroso, en las múltiples oportunidades q fue abordado por los medios, nunca se refirió a la Resol N° 01-00-000285 del 16/09/2021 firmada por él, donde supuestamente inhabilitaba a MCM por 15 años? ¿Por q Amoroso ni siquiera mencionó los 15 años d inhabilitación d MCM?.

¿Por q Antonio Meneses, Drtor Gral d Procdtos Especiales d la CGR, en el Oficio N° DGP-23-08-00-008 del 27/06/2023, dirigido a José Brito, donde le dice q se "encontró" con una inhabilitación por 15 años d MCM, no hizo referencia a esta Resolución y ni siquiera la menciona?...

¿Por q si esté acto administrativo d la Contraloría existía desde septiembre del 2021, ni Cabello, ni NMad ni nadie del régimen, lo mostró antes?...

Resulta extraño q la SPA, aluda en su extracto a una resolución d la Contraloría q no conocía NMad, Cabello, Amoroso ni siquiera los funcionarios d la Contraloría, ni el propio Dip José Brito y q durante 2 años y 4 meses, estuvo escondida...

Temprano supe q, "para q no se pueda abusar del poder, es preciso q el poder detenga al poder" (Montesquieu). En las sociedades como la vzlana en q no existe poder legitimo institucional capaz d realizar esta contención, nos corresponde a los ciudadanos esta difícil tarea..."[39]

---

[39] Disponibles en https://twitter.com/PerkinsRocha/status/17514557210 97433571?s=20. Véase, además, *Acceso a la Justicia*, "El TSJ avala la inhabilitación contra María Corina Machado sin publicar su sentencia y fuera de lapso," 30 de enero de 2024, disponible en: https://accesoa-lajusticia.org/tsj-avala-inhabilitacion-contra-maria-corina-machado-sin-publicar-sentencia-fuera-lapso/; Benigno Alarcón: "María Corina inhabilitada? Y ahora?, En *Politika UCAB*, 29 de enero de 2024,

Con esta sentencia, como lo expresó el padre Luis Ugalde S.J.; si bien "no sorprende la inhabilitación arbitraria e inconstitucional" de María Corina Machado, quienes gobiernan

"intentan anular políticamente a la candidata indiscutible de la abrumadora mayoría de millones de venezolanos. Así matan el camino democrático arduamente negociado en Barbados "entre el gobierno y la dirigencia opositora con apoyo internacional y de la política estadounidense, y desprecian la voluntad del pueblo venezolano expresada en las primarias de la oposición y deseada por el 90% de la población." [40]

Por todo ello, la reacción contra la inconstitucional sentencia fue generalizada, tal como lo reseñó Ramón Cardozo Álvarez,

"La decisión del TSJ fue rechazada de inmediato por María Corina Machado, quien advirtió que con esta sentencia "el régimen decidió acabar con el Acuerdo de Barbados".

De igual manera se pronunciaron los principales partidos de la oposición democrática, así como varios gobiernos del hemisferio. Uruguay señaló que "la decisión es contraria los Acuerdos de Barbados".

El gobierno de Ecuador también rechazó la inhabilitación, mientras que Argentina lamentó la decisión y mostró preocupación por la situación política de Venezuela.

---

disponible en : https://politikaucab.net/2024/01/29/maria-corina-inhabilitada-y-ahora-que/

[40] Véase Luis Ugalde S.J., "Libre de inhabilitaciones y sanciones, *El Ucabista,* 31 de enero de 2024, disponible en https://elucabista.com/2024/ 01/31/libres-de-inhabilitaciones-y-sanciones-por-luis-ugalde/

Por su parte, la embajada de EE. UU. señaló que "esta decisión, profundamente preocupante, es contraria a los compromisos asumidos por Maduro y sus representantes, en virtud del acuerdo de la hoja de ruta electoral de Barbados, para permitir que todos los partidos escojan a sus candidatos para las elecciones presidenciales".

Igualmente, veintinueve exmandatarios de la región y de España, reunidos en la Iniciativa Democrática de España y las Américas (Grupo IDEA), condenaron la inconstitucional inhabilitación de MCM, calificándola como una violación abierta a los Acuerdos de Barbados. En consecuencia, solicitaron a los países garantes del Acuerdo (Noruega, Barbados, Rusia, Países Bajos, Colombia, México y Estados Unidos, e igualmente a Canadá, Reino Unido y la UE) actuar en consecuencia para hacer respetar lo pactado en Barbados.

Al día siguiente de ser publicada la decisión del TSJ, Gerardo Blyde, jefe de la delegación opositora, exigió en rueda de prensa revertir la sentencia, por haberse violado el procedimiento acordado. Este procedimiento, aclaró Blyde, "significa un juicio, no un juicio sumario, no un paredón".

Similares reclamos en cuanto al procedimiento utilizado por el régimen de Maduro para revisar las inhabilitaciones fueron expresados por la embajada de EE.UU. para Venezuela: "El proceso de reincorporación carecía de elementos básicos, ya que Machado no recibió ni una copia de las acusaciones en su contra ni tuvo la oportunidad de responder a esas acusaciones".

La exigencia de Blyde fue respondida de forma inmediata por el régimen, por boca de Héctor Rodríguez, gobernador del estado Miranda y miembro de la delegación oficialista. Rodríguez sentenció que "las inhabilitaciones son ya cosa juzgada en Venezuela, y no hay nada que debatir", advirtiendo a continuación que en Venezuela existe un Estado de derecho y "que ningún país del mundo permitiría participar en un proceso electoral a alguien que convoque a golpes de Estado, sea partícipe de intentos de magnicidios y haya solicitado sanciones contra su propio país".[41]

En cuanto al gobierno de los Estados Unidos, el Sr. Matthew Miller portavoz del Departamento de Estado, declaró el 27 de enero de 2024 que:

"La decisión del Tribunal Supremo de Justicia de Venezuela, tomada el 26 de enero, de inhabilitar a la ganadora de las primarias de la oposición democrática, María Corina Machado, *es incompatible con el compromiso de los representantes de Nicolás Maduro de celebrar unas elecciones presidenciales venezolanas competitivas* en 2024. El proceso de *reincorporación carecía de elementos básicos, ya que Machado no recibió ni una copia de las acusaciones en su contra ni tuvo la oportunidad de responder a esas acusaciones.*"

Esta decisión, profundamente preocupante, es *contraria a los compromisos asumidos por Maduro y sus representantes,* en virtud del acuerdo de la hoja de ruta electoral de Barbados, para permitir que todos los partidos escojan a sus candidatos para las elecciones presidenciales. Actualmente, los Estados Unidos está revisando nuestra política de sanciones a Venezuela, basada en este desarrollo y en el reciente ataque político contra los candidatos democráticos de la oposición y la sociedad civil."[42]

---

[41] Véase Ramón Cardozo Álvarez, Columna: "Venezuela: un nuevo golpe de Maduro al Acuerdo de Barbados", en *DW*, 29 de enero de 2024, disponible en https://www.dw.com/es/venezuela-un-nuevo-golpe-de-maduro-al-acuerdo-de-barbados/a-68115558,

[42] Véase "Fallos del Tribunal Supremo de Venezuela y el acuerdo de Barbados", 27 de enero de 2024, en https://www.state.gov/translations/spanish/fallos-del-tribunal-supremo-de-venezuela-y-el-acuerdo-de-barbados/ Igualmente disponible en inglés en: https://www.state.gov/venezuela-sanctions-actions-and-supporting-democracy/

Por su parte, los exjefes de Estado y de Gobierno de la Iniciativa Democrática de España y las Américas (Grupo IDEA):

"enterados de la decisión adoptada por el Tribunal Supremo de Justicia de Venezuela, inhabilitando políticamente a la candidata presidencial de la oposición democrática, María Corina Machado, sin que exista causa o expediente previo ni fundamentado, sin que haya ejercido ésta función alguna de gobierno ni de administración de bienes públicos, y menos que haya sido sujeto de una sentencia penal firme como lo demanda la Constitución y la jurisprudencia internacional sobre derechos humanos," declararon "enfáticamente" el 27 de enero de 2024 lo siguiente:

"a) Que María Corina Machado, de acuerdo con las reglas de la democracia, sigue siendo la legítima representante de la oposición en Venezuela y su candidata presidencial ante la comunidad internacional que respeta al Estado democrático y constitucional y de Derecho y a la que han favorecido, en elecciones primarias, una mayoría determinante de los venezolanos;

b) Que la actuación señalada de la dictadura de Nicolás Maduro Moros, a través de un Tribunal Supremo cuya dirección se la ha encomendado recién a una militante del partido oficial, exconcejal, sin ejercicio jurídico ni trayectoria judicial y menos académica, prueba su reiterado desprecio por los elementos esenciales y componentes fundamentales de la democracia, tal y como constan en la Carta Democrática Interamericana;

c) Que, ante la violación abierta de los Acuerdos de Barbados, a cuyo tenor se comprometió el régimen a respetar "el derecho de cada actor político de seleccionar su candidato … y conforme a sus mecanismos internos", los gobiernos de los países garantes han de actuar en consecuencia;

d) Que, de modo particular, han de reaccionar igualmente los gobiernos firmantes de las Declaraciones expedidas a raíz de los citados Acuerdos, a saber, Estados Unidos, que levanta de modo parcial sus sanciones contra dictadura de Maduro Moros, Canadá, Reino Unido, y la Comisión Europea, a cuyos dignatarios nos dirigimos el 26 de octubre siguiente para alertarles.[43]

Por su parte, el Parlamento Europeo condenó el día 8 de febrero de 2024 la María Corina Machado, advirtiendo que no reconocería "las elecciones ni los resultados electorales" de 2024 si el régimen chavista no permití su candidatura; declarando que la Unión Europea no debía "considerar el envío de ninguna misión de observación electoral a Venezuela" si no se cumplían las condiciones de garantías electorales, debiendo mantenerse la negativa "hasta que se le permita a María Corina Machado participar en las elecciones".[44]

La importancia de la Resolución del Parlamento Europeo fue destacada por Pedro Urruchurtu Noselli, no solo porque la misma obtuvo una amplísima votación a favor con 446 votos y con apenas 21 votos en contra, sino porque "condena la falta de libertad de expresión; reconoce el Acuerdo de Barbados y los compromisos allí asumidos; reconoce el logro de la primaria y la victoria contundente de María Corina Machado en ella; condena la persecución contra el equipo de María Corina Machado, las desapariciones forzosas de sus integrantes, y contra activistas y defensores de DD.HH, las detenciones arbitrarias y condena las medidas judiciales contra ella y

---

[43] Declaración de los ExPresidentes iberoamericanos del *grupo IDEA*, 27 de enero de 2024. Disponible en https://static1.squarespace.com/static/5526d0eee4b040480263ea62/t/65b7f716457b1c11dc21847b/1706555159008/IDEA+MCM+2024.pdf

[44] Véase "Parlamento Europeo no reconocerá las elecciones sin Machado," en *DW*. 8 de febrero de 2024, disponible en https://www.dw.com/es/parlamento-europeo-no-reconocerá-las-elecciones-en-venezuela-sin-participación-de-machado/a-68206109

Henrique Capriles; y utiliza como marco las recomendaciones de la Misión de Observación Electoral de la Unión Europea en 2021.[45]

A pesar de todas esas advertencias, y de que los principales dirigentes de su movimiento permanecían desaparecidos bajo detención arbitraria, [46] María Corina Machado, también a pesar de la inconstitucional inhabilitación de la cual fue objeto, siguió recorriendo exitosamente el país, representando, su liderazgo indiscutible, la esperanza de cambio que la mayoría quiere, frente a lo cual el gobierno lo que hizo fue todo por impedirlo.

Como lo destacó el diario *The Washington Post*: el 10 de julio de 2024:

> "Sorprendentemente, después de tantos años de represión, la oposición está viva y tendría una excelente oportunidad en las urnas, suponiendo que no le roben las elecciones.

> Fallos judiciales engañosos descalificaron a la carismática candidata líder de la oposición, María Corina Machado,

---

[45] Disponible en https://twitter.com/Urruchurtu/status/17555857333796 90992

[46] En junio de 2024, a un mes de la elección presidencial, el periodista José Gabriel Lugo escribía "La primera mitad del año trajo una nueva ofensiva del Estado venezolano contra los dirigentes cercanos del equipo de María Corina Machado. El reino del terror del Gobierno continúa, con siete dirigentes de Vente Venezuela y cinco aliados políticos tras las rejas. La violencia se recrudece mientras se desconoce el estado actual de varios de los dirigentes que apoyan la causa opositora. El Estado venezolano impone ley del terror contra los aliados de María Corina Machado, líder opositora. Al menos siete dirigentes de Vente Venezuela y cinco aliados políticos se encuentran en prisión bajo el oscuro manto de operaciones que violan los derechos humanos y el debido proceso"; en "¿Dónde están los desaparecidos políticos de la oposición?, en *Versión Final,* 12 de junio de 2024, disponible en: https://versionfinal.com.ve/politica-dinero/donde-estan-los-desapareci dos-politicos-de-la-oposicion/

pero ella se ha mantenido activa en la campaña electoral, reuniendo a la Plataforma Unitaria democrática detrás de un ex diplomático, Edmundo González Urrutia."[47]

Ello comenzó con la opción política de designar, dada la inhabilitación política de Machado, una candidatura que la sustituyera, habiendo anunciado el 22 de marzo de 2024 la Plataforma Unitaria, la sustitución de Machado por la candidatura unitaria de la profesora Corina Yoris.[48] En consecuencia, las organizaciones Mesa de la Unidad Democrática (MUD) y Un Nuevo Tiempo (UNT) procedieron a anunciar dicha postulación, la cual en definitiva no fue posible materializar ante el Consejo Nacional Electoral porque éste la bloqueó, siendo en definitiva imposible que se pudiese efectuar su inscripción en la página web del Consejo en el lapso fijado hasta el 15 de marzo, porque el mismo no permitió la inscripción.

El día 25 de marzo, sin embargo, el gobernador del estado Zulia, Manuel Rosales, sí inscribió su candidatura por el partido <u>UNT</u>, habiendo declarado la Sra. Machado, al día siguiente 26 de marzo, que la candidata unitaria era Corina Yoris, a pesar de que no pudo inscribirse por razones ajenas a su voluntad.

Ese mismo día, en todo caso, la Plataforma Unitaria, por medio de la MUD, inscribió la candidatura del Sr. Edmundo González Urrutia como candidato.[49]

---

[47] Véase el Editorial: "For Venezuela, a ray of light. Give the opposition a free and fair election," *The Washington Post*, 10 de julio de 2024, disponible en: https://www.washingtonpost.com/opinions/2024/07/10/venezuela-opposition-resurgent/

[48] Véase "¿Quién es Corina Yoris? La candidata que sustituirá a María Corina Machado en las elecciones de Venezuela," en *El Tiempo*, 22 de marzo de 2024, disponible en: https://eltiempolatino.com/2024/03/22/noticias-latinoamerica/quien-es-corina-yoris-sustituta-maria-corina-ma chado-elecciones-venezuela/

[49] Véase "Ni Machado ni Yoris: oposición venezolana registra al exdiplomático Edmundo González como candidato," en *France24,* 26 de

De todo lo anterior, como lo observó José Ignacio Hernández G.:

"Estos hechos demuestran la abierta violación a una de las condiciones electorales más básicas: la existencia de una ley electoral clara estable y predecible. El CNE, de manera arbitraria, crea y elimina trámites, crea y modifica lapsos, y en suma, decide quién puede postularse y quien no. No hay, así, cronograma electoral, sino la arbitrariedad del CNE.

Pero la mayor violación es lo que considero como el "apartheid político", esto es, la deliberada discriminación en la que el CNE incurrió al decidir por vías de hecho y con base en motivos políticos, quién podía postularse, ventando a cualquier representante que contase con el aval de la Plataforma Unitaria y de Machado. Esto es, el CNE vetó al candidato unitario, sin importar quién fuese, al punto que solo permitió a UNT y la MUD postular cuando éstas optaron por alternativas diferentes.

Esta discriminación viola el derecho humano y constitucional a participar en elecciones. Pero, además, esa violación se enmarca en una política de persecución en contra de la unidad democrática, con el claro propósito de socavar esa unidad y así, reducir más todavía la ya menguada participación en el evento convocado para el 28 de julio."[50]

Pero, sin embargo, ya para principios de mayo de 2014, la realidad era otra, y el entusiasmo nacional en respaldo de la líder política indiscutible en el país, María Corina Machado, y el

---

marzo de 2024, disponible en https://www.france24.com/es/américa-latina/20240326-ni-machado-ni-yoris-opo sición-venezolana-registra-al-exdiplomático-edmundo-gonzález-como-candidato

[50] Véase José Ignacio Hernández, "El apartheid político contra la Plataforma Unitaria: un crimen de lesa humanidad," en *La Gran Aldea*, 2 de abril de 2024, disponible en: https://americanuestra.com/el-apartheid-politico-contra-la-plataforma-unitaria-un-crimen-de-lesa-humanidad/

respaldo consecuente de la candidatura del Sr. González Urrutia, presagiaba una participación igual o superior a la que se produjo como rebelión popular mediante el sufragio en las elecciones parlamentarias de 2015 y, por tanto, si las elecciones se realizaban, un triunfo indiscutible de la oposición[51].

---

[51] Como se informó en la prensa la empresa encuestadora Meganalisis a fines de abril de 2024 dio a conocer los resultados de un sondeo "que arrojó una marcada preferencia por Edmundo González Urrutia sobre Nicolás Maduro de cara a las elecciones del 28 de julio. Además, se destaca que María Corina Machado es percibida como la figura política más creíble y confiable en el país sudamericano." "Según la encuesta, un 32,4% expresó su intención de votar por González Urrutia, candidato principal de la Plataforma Unitaria Democrática (PUD), la principal fuerza de oposición en las próximas elecciones presidenciales. Por otro lado, solo un 11,2% indicó que respaldaría a Maduro. Además, un 33,1% manifestó indecisión respecto a su voto, mientras que un 19,3% afirmó que no apoyaría a ninguno de los candidatos." Véase en "Encuesta evidencia la aplastante ventaja de Edmundo González sobre Nicolás Maduro," en *AméricaTV,* 30 de abril de 2024, disponible en https://www.americateve.com/america-latina/encuesta-evidencia-la-aplas tante-ventaja-edmundo-gonzalez-nicolas-maduro-n5377367

IV

LA INEXISTENCIA DE LAS CONDICIONES MÍNIMAS PARA QUE PUDIERAN REALIZARSE UNAS ELECCIONES JUSTAS, LIBRES, PLURALES, TRANSPARENTES Y VERIFICABLES EN 2024

De todo lo anterior resultaba, que la situación política en Venezuela, ante la elección presidencial fijada para el 28 de julio de 2024, en realidad no sólo no era muy distinta a la que existía antes de las elecciones parlamentarias de 2020 o antes de la elección presidencial de mayo de 2018, sino que se había agravado.

Para no olvidarnos de nuestra propia historia reciente, recordemos que en agosto de 2020 por ejemplo, los partidos políticos democráticos venezolanos emitieron una *Declaración* muy importante, por su contenido, definiendo lo que entonces entendían que eran y que seguían siendo, las "condiciones mínimas para lograr elecciones libres, justas y competitivas," es decir, "los estándares mínimos aceptados por todos los países democráticos del mundo,"[52] enumerando entonces, entre otros, los siguientes:

---

[52] Véase el texto en "Por unanimidad: los partidos políticos de la Unidad deciden no participar en el fraude y convocan a un pacto nacional para la salvación de Venezuela," *Asamblea Nacional*, Centro de Comunicación Nacional, Caracas 2 de agosto de 2020, disponible en: https://

"1) Restablecimiento del derecho al sufragio para todos los venezolanos, incluyendo a los que han tenido que emigrar (Registro Electoral confiable y auditado)."

En 2024 el Registro Electoral no se había actualizado ni depurado en forma seria alguna, ni en el mismo se habían incorporado todos los venezolanos con derecho a voto que residían en el exterior, luego de la más grande migración de más de siete millones de personas que ha ocurrido en la historia de Occidente, como ha sido la que ocurrió en nuestro país. En consecuencia, de más de 20 millones de electores que deberían estar inscritos en el Registro Electoral, solo algo más de la mitad serían los que podrían votar, incluyendo apenas setenta mil inscritos en el exterior.

"2) Garantizar que el voto sea ejercido libremente, sin coacción o intimidación. Prohibición de migración de electores de sus centros electorales naturales."

En 2024, la coacción e intimidación de votantes se había evidenciado con más "furia" por parte de los agentes del gobierno, habiendo el Consejo Nacional Electoral manipulado los Centros de Votación y Mesas electorales disponiendo más de 1700 Centros de Votación con una sola mesa, reubicando además a los electores, para impedir el voto libre y buscar asegurar una mayor posibilidad de control oficial sobre los votantes.

---

presidenciave.com/presidencia/por-unanimidad-los-partidos-politicos-de-la-unidad-deciden-no-participar-en-el-fraude-y-convocan-a-un-pacto-nacional-para-la-salvacion-de-venezuela/. Véase además la información en Alonso Moleiro, "La oposición a Maduro oficializa su decisión de no participar en las elecciones legislativas. Los partidos que apoyan a Guaidó defienden la celebración de una votación con garantías en Venezuela, *El País,* 2 de agosto de 2020, disponible en: https://elpais.com/internacional/2020-08-02/la-oposicion-a-maduro-oficializa-su-decision-de-no-participar-en-las-elecciones-legislativas.html; y en "La oposición de Venezuela no participará en las próximas elecciones legislativas," en *público.com*, 2 de agosto de 2010, disponible en: https://www.publico.es/interna-cional/oposicion-venezuela-no-participara-proximas-elecciones-legislativas.html

"3) Cese de las inhabilitaciones y enjuiciamiento de los dirigentes políticos y restablecimiento pleno de sus derechos a la participación política."

En 2024 se había agravado el proceso de inhabilitaciones políticas impuestas por el régimen contra los líderes de la oposición, incluyendo, además de María Corina Machado, a Henrique Capriles Radonski y a Freddy Superlano,[53] y la persecución, detención y enjuiciamiento de líderes y activistas políticos, y defensores de derechos humanos se había multiplicado en comparación a la situación de años anteriores.

Como lo destacó, por ejemplo, la Sra. Valiñas Presidenta de la *Comisión para la determinación de los hechos* sobre la República Bolivariana de Venezuela en el 55° Período de sesiones del Consejo de Derechos Humanos de la ONU, en su Actualización Oral el 20 de marzo de 2024:

"la Misión concluyó que la estructura represiva del Estado no se había desmantelado y que continuaba representando una amenaza latente que podía activarse cuando el Gobierno lo estimara necesario. La Misión reitera que la represión funciona a través de dos modalidades, dependiendo del contexto. Una más violenta que se activa para silenciar las voces de la oposición a cualquier precio, incluso mediante la comisión de delitos, y otra que crea un clima de temor e intimidación que restringe el ejercicio libre de los derechos fundamentales.

---

[53] Véase *Acceso a la Justicia*, "La SPA declaró sin lugar la demanda que Henrique Capriles Radonski presentó contra la inhabilitación que dictó la CGR en 2017," 26 de enero de 2024, disponible en: https://accesoalajusticia.org/la-spa-declaro-sin-lugar-la-demanda-que-henrique-capriles-radonski-presento-contra-la-inhabilitacion-que-dicto-la-cgr-en-2017/. Véase, además, el *Informe Anual 2023* de la Comisión Interamericana de Derechos Humanos CIIDH, Capítulo IV.b Venezuela, Washington 2024, par. 16.

Los numerosos eventos registrados durante el período de esta actualización confirman que nos encontramos ante una fase de reactivación de la modalidad más violenta de represión por parte de las autoridades. En ese sentido, la Misión observa una repetición de los mismos patrones de violación de derechos humanos contra personas opositoras o percibidas como tales, que incluye a personas defensoras de los derechos humanos que se atreven a criticar, denunciar o a protestar por decisiones o políticas del Gobierno."[54]

"4) Participación plena de todos los partidos políticos; restablecimiento de sus legítimas autoridades cesadas por la írrita intervención, así como el uso de sus símbolos y colores partidistas."

Las intervenciones de los partidos políticos por el gobierno no solo no habían cesado, ni se habían restituido sus autoridades legítimas, sino que se habían multiplicado, de manera que para 2024, los partidos políticos intervenidos que podían "participar" en el proceso electoral, con autoridades impuestas por la Sala Constitucional del Tribunal Supremo, y muchos de ellos con Nicolás Maduro de candidato presidencial, eran los siguientes:

- *Partido Patria para Todos PPT*: Intervenido por la Sala Electoral mediante sentencia No. 87 de 6 de junio de 2012, que anuló dos asambleas generales y declaró válida otra que designó nuevas autoridades.

- *Partido PODEMOS*: Intervenido por la Sala Constitucional mediante sentencia No. 793 de 7 de junio de 2012, designando una junta directiva ad hoc.

- *Partido Movimiento Electoral del Pueblo MEP*: Intervenido por la Sala Constitucional mediante sentencia No. 0195 de 16 de julio de 2015, designando una junta directiva ad hoc.

---

[54] Disponible en: https://www.ohchr.org/es/statements-and-speeches/2024/03/statement-marta-valinas-chair-independent-international-fact

- *Partido Bandera Roja*: Intervenido por la Sala Constitucional mediante sentencia No. 1.011 de 28 de julio de 2015, que anuló la Junta Directiva electa en Congreso y ratificó a la Junta Directiva electa en Congreso anterior.

- *Partido COPEI*: Intervenido por la Sala Constitucional mediante sentencia No. 1.023 de 30 de julio de 2015, que designó una Junta directiva *ad hoc*, renovada luego varias veces

- *Partido Acción Democrática AD*. Intervenido mediante sentencia de la Sala Constitucional No. 71 de 15 de junio de 2020 designando una Junta directiva *ad hoc*.

- *Partido UNIDAD*: después de haber sido intervenido por el Consejo Nacional Electoral en 2015, fue intervenido mediante sentencia No. 126 de la Sala Constitucional de 26 de agosto de 2020, designándose a un militante para postular candidatos

- *Partido Voluntad Popular*: Intervenido por la Sala Constitucional mediante sentencia No. 77 de 7 de julio de 2020, designando una junta directiva *ad hoc*.

- *Partido Tupamaro*: Intervenido por la Sala Constitucional mediante sentencia No. 119 de 18 de agosto de 2020, designando una junta directiva *ad hoc*.

- *Partido Comunista de Venezuela PCV*. Intervenido por la Sala Constitucional mediante sentencia No. 1.160 de 11 de agosto de 2023, designando una junta directiva *ad hoc*.

- *Partido PRIMERO JUSTICIA*, luego de que la Sala Constitucional lo interviniera en 2020 cuando se nombró una Junta hoc que unos meses después se suspendió, fue intervenido nuevamente mediante sentencia No. 207 de 22 de abril de 2024 de la Sala Constitucional, la cual designó nueva junta directiva ad hoc.[55]

En consecuencia, en la antesala de las elecciones presidenciales para el 28 de julio de 2024, no se podía considerar que estaba garantizada la participación plena, libre y auténtica de todos los partidos políticos, ni se habían restablecimiento de sus legítimas autoridades cesadas por las ilegítimas intervenciones de la Sala Constitucional o de la Sala Electoral, ni había cesado el secuestro de sus símbolos y colores partidistas ha cesado.

"5) CNE independiente, nombrado por la Asamblea Nacional, conforme a lo señalado por la Constitución Nacional y la Ley. Designación de todos los órganos subordinados de manera independiente, así como las Juntas Electorales y miembros mesa. Respeto al trabajo de los testigos electorales y demás funcionarios en todos los procesos."

Lamentablemente, el Consejo Nacional Electoral no había dejado de estar controlado por el gobierno, habiendo sido sucesivamente integrado en los últimos lustros por miembros e incluso activistas del partido de gobierno, siendo grave que la última renovación efectuada de su composición, hubiera completado el cuadro de partidización y ausencia de independencia del órgano, al haberse nombrado como miembro y nuevo Presidente del Consejo Nacional Electoral, en agosto de 2023, a quien hasta ese momento había ejercido el cargo de Contralor General de la República, Sr. Elvis Amoroso, autor, precisamente, en los últimos lustros, de las inhabilitaciones administrativas inconstitucionales dictadas contra lideres políticos y candidatos de la oposición democrática, entre ellos, María Corina Machado y Henrique Capriles.

---

[55] Véase la información detallada en el cuadro preparado por *Acceso a la Justicia*, 2024 disponible en https://twitter.com/AccesoaJusticia/status/1787528238291378 645photo /1

Sobre ello, la Comisión Interamericana de Derechos Humanos en su Informe 2023 sobre Venezuela explicó:

"La independencia del Poder Electoral continuó comprometida debido a la designación atípica de las autoridades del Consejo Nacional Electoral (CNE). El 14 de junio de este año, la junta directiva del CNE renunció sin ofrecer una justificación adecuada. Esta situación facultó a la Asamblea Nacional a nombrar una nueva composición. En esta reestructuración, designó como presidente del CNE a Elvis Amoroso, quien fungía como máxima autoridad de la Contraloría General de la Nación, entidad que ha impuesto sistemáticamente sanciones de inhabilitación a líderes opositores. La CIDH recuerda que, entre 1991 y 2021, las personas rectoras de este órgano no fueron designadas de acuerdo con los procedimientos constitucionales"[56]

Todo ello explicaba que Alonso Moleiro en la reseña de la noticia publicada en el diario *El País* de Madrid el 25 de agosto de 2023, titulara la noticia así:

"Elvis Amoroso, autor de las inhabilitaciones a la oposición, nuevo presidente del Consejo Nacional Electoral de Venezuela. El chavismo retiene sin complicaciones el control del órgano electoral. Tres de los cinco rectores son afines al Gobierno de Maduro y dos pertenecen a cuotas opositoras."[57]

Y entre las primeras decisiones que adoptó el Consejo fue haber nombrado como su Secretario, a quien en la Contraloría General de la República había sido quien había firmado en 2023, como Director de Procedimientos Especiales del organismo, entre otras, la inconstitucional "certificación de mera

---

[56]   Véase Informe Anual 2023 de la Comisión Interamericana de Derechos Humanos CIIDH, Capítulo IV.b Venezuela, Washington 2024, par. 14.

[57]   Disponible en https://elpais.com/internacional/2023-08-25/elvis-amoroso-autor-de-las-inhabilitaciones-a-la-oposicion-nuevo-presidente-del-consejo-nacional-electoral-de-venezuela.html

relación" antes analizada con detenimiento, en la cual dio cuenta de una supuesta e inexistente inhabilitación contra María Corina Machado.

Nada había entonces cambiado, por tanto, en relación con el árbitro electoral, por lo que ninguna imparcialidad podía esperarse de sus funcionarios.. Ello lo confirmó formalmente uno de sus miembros Juan Carlos Delpino en junio de 2024, al indicar que: "hay alguien en el Gobierno que decide todo en materia electoral al que le interesa este estado de cosas (…) Una persona que maneja los hilos del CNE," agregando por ejemplo que la decisión de retirar la invitación a la Unión Europea para que enviara una misión de observación electoral "la tomó Amoroso por su cuenta," sin que ello fuera una decisión del Cuerpo.[58]

Por ello, lo que afirmó Luis Vicente León el 5 de junio de 2024, al referirse al "control del gobierno nacional sobre la elección" destacando:

---

[58] Véase la reseña "Rector Delpino denuncia que directorio del CNE no sesiona: El gobierno maneja los hilos," en *Talcual*, 11 de junio de 2024, disponible en: https://talcualdigital.com/rector-delpino-elvis-amoroso-toma-decisiones-sin-convocar-a-sesion-desde-marzo/#google_vignette. Véase sobre esto el reportaje de Daniel Lozano, en España: "Terremoto en el CNE: un rector desvela cómo el chavismo eliminó de forma ilegal la observación electoral europea. Delpino aseguró que es el propio Amoroso quien toma todas las decisiones personalmente y que desde marzo ni siquiera se ha reunido el ente, tal y como ordena la ley," en *El Mundo*, Madrid 12 de marzo de 2024, disponible en: https://www.elmundo.es/internacional/2024/06/12/6668feb4fdddff194a8b45d3.html. Por todo ello, Miguel Henrique Otero recordaba el 16 de julio de 2024 que "la práctica del fraude es sistémica en el Consejo Nacional Electoral venezolano. En sí mismo, el CNE es un organismo fraudulento, secuestrado por el régimen. No es autónomo ni equilibrado. Es uno de los brazos operativos de Maduro y el PSUV. En realidad, el Consejo Nacional Electoral de hoy es un ente especializado en urdir trampas y violar los derechos constitucionales." en su artículo "Porqué Maduro no podrá ultimar el fraude," en *América 2.1,* 16 de julio de 2024, disponible en:_https://americanuestra.com/por-que-maduro-no-podra-ultimar-el-fraude/

"la ventaja de controlar las instituciones electorales, la definición del registro electoral, el número de centros presentes y su estructura, la presencia garantizada de testigos en todos los centros del país, la oportunidad de mantener centros abiertos hasta la hora que les convenga, entre muchas otras cosas, tiene sin duda un valor fundamental en términos del resultado." [59]

Esa ventaja se materializó, en cuanto al control gubernamental de los testigos electorales, al decidir el Consejo Nacional Electoral, mediante resolución publicada en Gaceta Electoral del 20 de junio de 2024 (Normas especiales y procedimientos para extender las credenciales a los testigos electorales de las organizaciones con fines políticos en la elección presidencial 2024), estableciendo por primera vez en la historia electoral, que los testigos de mesa electoral "deberán estar inscritos en el centro de votación en el cual se halle localizada la mesa electoral correspondiente" (art. 7).[60] Con ello, al haber ubicado el Consejo Nacional Electoral, los centros de votación en zonas controladas, la acreditación de testigos electorales tienen que ser exclusivamente con electores de esas mesas, y no cualquier elector así esté inscrito para votar en otros centros como siempre había sido con anterioridad

"6) Cronograma electoral que garantice el derecho al voto y a los lapsos para cada una de las actividades del proceso desde su convocatoria."

El día 5 de marzo de 2024, el Consejo Nacional Electoral al convocar el proceso electoral para Presidente para el 28 de julio

---

[59]   Véase Luis Vicente León, en X, "No es verdad que el resultado de la elección del 28 de julio ya está claro y definido y que no existen espacios para las sorpresas," 5 de junio de 2024, disponible es: https://x.com/luisvicenteleon/status/1798346732901646574

[60]   Véase la referencia en "#GuachimanElectoral CNE ahora obliga a testigos electorales a trabajar en donde votan," en Tal cual, 23 de junio de 2024, disponible en: https://talcualdigital.com/guachimanelectoral-cne-ahora-obliga-a-testigos-electorales-a-trabajar-en-donde-votan/

de 2024, algo más de 5 meses después anunció el cronograma del mismo indicando que "cumplen con el Acuerdo de Barbados," fijando la postulación de candidatos entre el 21 y el 25 de marzo, una Jornada especial del Registro Electoral nacional e internacional: entre el 18 de marzo y el 16 de abril; y un período de campaña electoral del 4 al 25 de julio.[61]

Por supuesto lo más importante en dicho cronograma, era la actualización y depuración efectiva del registro electoral habiéndose informado el 16 de abril que habiendo concluido la jornada especial de inscripción y actualización del Registro Electoral, el resultado había sido solo de 604.964 nuevos votantes y de solo 847.999 votantes que cambiaron su centro de votación, lo que sumaba casi un millón y medio de movimientos; cifras notablemente deficientes si se tomaba en cuenta que más de 7,3 millones de venezolanos necesitaban inscribirse por primera vez o actualizar sus datos.[62]

"7) Campaña electoral equitativa, con igual acceso a los medios de comunicación públicos y privados; prohibición de cadenas. Acceso equitativo a los espacios públicos y garantía de libre tránsito por todo el territorio nacional."

---

[61] Véase en "CNE anuncia elecciones presidenciales para el 28 de julio de 2024," en *Prodavinci*, 5 de marzo de 2024, disponible en: https://prodavinci.com/cne-anuncia-elecciones-presidenciales-para-el-28-de-julio-de-2024/

[62] Véase lo expresado por Héctor Briceño en Ramón Cardozo Álvarez, "Maduro cercena el derecho electoral de migrantes venezolanos," quien consideró el resultado del operativo en el exterior, "más que insuficiente," diseñado "con la intención de obstaculizar las inscripciones y actualizaciones de los venezolanos migrantes." Con ello, agregó que la actuación del CNE, "no solo constituye una violación de los derechos y garantías electorales de los venezolanos, sino que también tiene un impacto significativo en el padrón electoral." Véase el reportaje en *DW*, 19 de abril de 2024, disponible en: https://www.dw.com/es/maduro-cercena-el-derecho-electoral-de-los-migrantes-venezolanos/a-68873638

El control y monopolio de los medios de comunicación por parte del gobierno, impedía por supuesto que pudiera haber una campaña electoral equitativa, sobre todo cuando los candidatos de la oposición se encontraban vetados y excluidos de los medios controlados por el oficialismo. Por otra parte, para que pudiera haber acceso equitativo a los espacios públicos, tenía que haber ante todo seguridad ciudadana, y en 2024, de ello carecía por ejemplo María Corina Machado.

Ella misma denunció la situación de persecución en la que se encontraba junto con todo su equipo de campaña a finales de abril de 2024, en comunicación que envió a representantes de 18 países y a la Unión Europea (UE) como bloque, expresando entre otras cosas que sus:

"equipos en todo el país corren el riesgo de próximas desapariciones forzadas y yo misma podría ser objeto de una detención injustificada"; "Se me sigue impidiendo salir del país e incluso tomar vuelos dentro de Venezuela, mientras que dichas de las personas que me brindan apoyo en mis actos de campaña son objeto de retaliación."[63]

Como lo había destacado Amnistía Internacional:

"Desde el inicio de 2024 se han registrado numerosos ataques en contra del espacio cívico y de personas percibidas como críticas al gobierno; proyectos de leyes que atentan contra la libertad de asociación y de expresión;

---

[63] Véase por ejemplo lo informado en el reportaje: "Denunciaron la clausura de hoteles donde se hospedó María Corina Machado," en *El Diario*, 4 de mayo de 2024, disponible en: https://eldiario.com/2024/05/04/denunciaron-clausura-hoteles-maria-corina-machado/; en "Seniat clausura otro hotel donde se hospedó María Corina Machado," en Correo del Caroní, 5 de mayo de 2024, disponible en: https://correodelcaroni.com/pais-politico/seniat-clausura-otro-hotel-donde-se-hospedo-maria-corina-machado/; y en Oswaldo Álvarez Paz, en "Desde el puente: Señales de violencia derrotista," en *America2.1*, 5 de mayo de 2024. Disponible en https://america nuestra.com/oswaldo-alvarez-paz-desde-el-puente-senales-de-violencia-derrotista/

detenciones arbitrarias, uso indebido del derecho penal, violaciones a las garantías del debido proceso y juicio justo; campañas estigmatizantes, así como la divulgación de confesiones de culpabilidad durante períodos de detención, obtenidas sin mecanismos de protección ante posibles actos de tortura."[64]

En ese marco, María Corina Machado destacó, además, la detención de ocho colaboradores y la orden de captura sobre otros siete, seis de los cuales estaban refugiados en la embajada argentina,"[65] y a todo lo anterior se agregaba que incluso los hoteles donde había llegado en sus giras por el interior del país habían sido multados y hasta clausurados por el Servicio Nacional Tributario. Había expresado, además, "su preocupación por "las amenazas que ha estado recibiendo que "son de otro nivel." "Es una cosa permanente, todos los días, cada día sale una acusación nueva."[66]

---

[64] Véase "Venezuela: Alarmante escalada de persecución contra voces críticas y disidentes. En el marco del periodo electoral actualmente en curso en Venezuela, cuyas elecciones presidenciales han sido fijadas para el 28 de julio de 2024, Amnistía Internacional se une a las voces que denuncian un pico en la política de represión del gobierno de Nicolás Maduro." En *Amnistía Internacional* - Declaración Pública, Índice: AMR 53/7949/2024, 15 de abril de 2024, disponible en: https://morfema.press/wp-content/uploads/2024/06/AMR5379492024SPANISH.pdf

[65] Véase el reportaje "Venezuela: la líder opositora María Corina Machado alertó que el chavismo podría arrestarla de manera "injustificada," en el diario *Clarín*, 4 de abril de 2024 disponible en: https://www.clarin.com/mundo/venezuela-lider-opositora-maria-corina-machado-alerto-chavismo-podria-arrestarla-manera-injustificada_0_aJmFDceA1y.html. Véase también, Florantinia Singer, "Detenidos en Venezuela tres activistas y militantes de María Corina Machado," en *El País*, 30 de abril de 2024, disponible en: https://elpais.com/america/2024-04-30/detenidos-en-venezuela-tres-activistas-y-militantes-de-maria-corina-machado.html

[66] Véase "María Corina asegura que las amenazas en su contra «son de otro nivel»", en *El Impulso*, 17 de abril de 2024, disponible en: https://

Ello explica que ante nuevas detenciones arbitrarias de otros activistas de su Partido y de su campaña, María Corina Machado llegó a expresar:

"Esto es una crueldad. Son venezolanos que están dándolo todo para poder ver a su país con libertad y dignidad. Es criminal, maldad pura, y demuestra que al régimen lo único que le queda es la violencia contra los ciudadanos", detalló Machado.

Destacó además que "lejos de paralizar o intimidad a un país, lo que lo que compruebo en Venezuela todos los días es que estos atropellos nos dan más razones para la lucha y la organización de cara al 28 de julio".[67]

---

www.elimpulso. com/2024/04/ 17/ maria-corina-asegura-que-las-amenazas-en-su-contra-son-de-otro-nivel-16abr/

[67] Véase la reseña: "Es criminal, maldad pura: María Corina Machado tras detención arbitraria de activistas políticos," en *La patilla.com*, 16 de junio de 2024, disponible en: https://www.lapatilla.com/2024/06/16/es-criminal-maldad-pura-maria-corina-machado-tras-detencion-arbitraria-de-activistas-politicos/ Para el 18 de junio de 2024, ya se anunciaba que 37 activistas opositores habían sido arbitrariamente detenidos, sobre lo cual María Corina Machado expresó: "Estos jóvenes están siendo vinculados a un expediente en el que se les acusa de instigación al odio y asociación para delinquir por el simple hecho de acompañar a nuestro candidato» durante un acto político en el estado La Guaira. La opositora reiteró, según reseñó la agencia EFE, que estos jóvenes opositores, que «no han cometido delito alguno», son víctimas de detenciones arbitrarias, al igual que el resto de antichavistas arrestados en los últimos meses, «de cara a un proceso electoral» en «condiciones absolutamente contrarias a cualquier estándar» democrático. Denunció que a algunos de los opositores detenidos se les ha negado el derecho a contar con abogados privados, en cuyo caso los defensores públicos les piden a los antichavistas culpar a Machado de planes violentos como condición para ser liberados." Véase la reseña: "37 opositores han sido detenidos en lo que va de año denunció María Corina Machado," en *Morfema Press*, 18 de junio de 2024, disponible en: https://morfema.press/actualidad/37-opositores-han-sido-detenidos-en-lo-que-va-de-ano-denuncio-maria-corina-machado/

Sobre esta lamentable situación, la Conferencia Episcopal Venezolana, en su Exhortación Pastoral "Caminar juntos con Esperanza" del 11 de julio de 2024, señaló que:

"Este es un proceso electoral atípico, en el que no hay igualdad de oportunidades para todos. Es necesario para la paz ciudadana, que cese la persecución y el hostigamiento a quienes facilitan instrumentos necesarios para las concentraciones y la libertad de movimiento de candidatos con opciones diversas a la opción gubernamental. Es desleal y falta de toda ética política lo sucedido hasta ahora."[68]

Unos días antes, el 7 de julio de 2024, María Corina Machado resumió en las páginas del diario *ABC* de Madrid todas las vicisitudes de su campaña, indicando:

"Un tsunami de gente que se desborda en sus sentimientos largamente represados, y que abarrota las calles de todo el país para demandar, por la vía electoral, el cambio que tanta falta le hace a Venezuela.

El régimen parece no entender la magnitud del reto que hoy le plantea la gente y ha seguido apostándole a la trampa y a la represión. Mi candidatura fue inconstitucionalmente descartada, al igual que la de Corina Yoris, designada en mi lugar por las fuerzas de la unidad democrática. Seis miembros del Comando Nacional de nuestra campaña, incluida la jefa del mismo, están asilados en la embajada de Argentina en Caracas, mientras otros trece miembros de nuestros equipos han sido apresados y privados de todo acceso a la justicia, al igual que los casi 300 presos políticos que existen hoy en el país. Han cerrado hoteles y posadas por albergarnos en nuestros recorridos, clausurado restaurantes de carretera por vendernos desayuno, retirado licencias a camioneros por

---

[68] Véase el texto adoptado en la CXXII Asamblea Ordinaria Plenaria del Episcopado Venezolano, disponible en: https://conferenciaepiscopal-venezolana.com/exhortacion-pastoral-caminar-juntos-con-esperanza/

transportarnos, detenido a proveedores de equipos de sonido que han aceptado alquilárnoslos. Pero ya esto no les funciona, al contrario, indigna a una sociedad harta de humillaciones y ávida de dignidad."[69]

En sentido similar se expresó Cesar Pérez Vivas, al expresar que:

"La campaña de Maduro es cruel por la represión desatada. La lista de presos y perseguidos políticos por formar parte de los equipos de la campaña del comando Con Venezuela no tiene precedentes en la historia de nuestras campañas electorales. Somos el único país del continente (salvo Nicaragua) donde ser parte de la campaña convierte a la persona en objetivo político para ser llevado a prisión. Maduro y su comando ha intentado de todas las formas posibles forzar a la oposición verdadera al retiro de la contienda electoral. Pensaron que, con el secuestro y judicialización de los partidos, así como con las inhabilitaciones arbitrarias y de hecho, lograrían el retiro en las primeras de cambio. La resistencia de la alianza opositora y la firmeza de la líder María Corina Machado en la ruta electoral los ha desesperado de forma evidente. Por eso han apelado al expediente de criminalizar y encarcelar a los dirigentes de la campaña."[70]

---

[69] Véase María Corina Machado, "La hora de Venezuela," en *ABC*, Madrid, 7 de julio de 2024, p. 3. En el mismo sentido véase la información: "Seniat cerró restaurante en Cojedes tras visita de Edmundo González Urrutia," en *Morfema Press*, 9 de julio de 2024, disponible en: https://morfema.press/actualidad/seniat-cerro-restaurante-en-cojedes-tras-visita-de-edmundo-gonzalez-urrutia/

[70] Véase César Pérez Vivas, "La Campaña Truculenta," en América 2,1, 24 de junio de 2024, disponible en: https://americanuestra.com/cesar-perez-vivas-la-campana-truculenta/. Así, como nueva muestra de esa persecución y acoso, por ejemplo, se denunció la detención del empresario había hospedado a María Corina Machado en su visita al Estado Táchira, cuya vivienda y propiedades fueron allanada por la policía, lo

Adicionalmente hay que mencionar la masiva persecución desatada a finales de junio de 2024 contra todos los Alcaldes de los Municipios de los Estados Trujillo, Mérida, Táchira y Nueva Esparta que en una u otra forma apoyaron o se entrevistaron con Edmundo González o María Corina Machado en sus visitas al interior del país, lo que se manifestó en la vía de hecho que significa que por ello, en sus respectivas inscripciones en el Registro Electoral, además del número de su cédula y centro de votación, les aparece la frase: "Este elector (a) presenta una prohibición para ejercer cargos o función pública de acuerdo a lo establecido en la normativa constitucional y legal vigente." Y todo sin indicar cuál normativa, ni quién, ni cómo, ni cuando ni en cuál procedimiento supuestamente se les habría impuesto una sanción de inhabilitación política. Semejante vía de hecho es desquiciante resume en sí misma toda la arbitrariedad electoral que acompaña el proceso de elecciones previstas para el 28 de julio.[71]

---

que se calificó como una "arbitrariedad inaceptable." Véase en *Infobae,* 12 de julio de 2024, disponible en: https://www.infobae.com/venezuela /2024/07/12/partidos-opositores-de-venezuela-denunciaron-la-desaparicion-forzada-de-un-empresario-que-hospedo-a-maria-corina -machado//. Posteriormente, el Fiscal General de la República al confirmar la detención, informó que la detención había sido por "presunto sabotaje al servicio eléctrico." Véase en Jorgelis Landaeta, "Saab confirma detención del empresario Ricardo Albacete y de Aldo Roso por presunto sabotaje al sistema eléctrico," en *diario LaVoz,* 12 de julio de 2024, disponible en: https://diariolavoz.net/2024/07/12/saab-confirma-detencion-del-empresario-ricardo-albacete-y-de-aldo-roso-por-presunto-sabotaje-al-sistema-electrico/

[71] Véase "Venezuela: Inhabilitan a 10 alcaldes opositores que respaldan candidatura de Edmundo González," en *La Voz de América,* 10 de junio de 2024, disponible en: https://www.vozdeamerica.com/a/inhabilitan-a-10-alcaldes-opositores-que-respaldan-la-candidatura-presidencial -de-edmundo-gonzalez-/7662586.html. Véase igualmente "10 alcaldes inhabilitados y 2 concejales destituidos por razones política y sin debido proceso," en *Acceso a la Justicia,* 27 de junio de 2024, disponible en: https://accesoalajusticia.org/10-alcaldes-inhabilitados-2-concejales-destituidos-razones-politicas-sin-debido-proceso/

Por todo ello, la Comisión Interamericana de Derechos Humanos y la Relatoría Especial para la Libertad de Expresión de la OEA, emitieron un Comunicado en fecha 8 de julio de 2024, en el cual expresaron que:

"condenan la persecución política contra de personas percibidas por el régimen como y llaman al Estado a garantizar que las elecciones del 28 de julio se lleven a cabo de forma libre, competitiva y participativa.

En lo que va corrido de 2024, al menos 50 personas, entre integrantes de campañas de oposición, sindicalistas, activistas y periodistas, fueron detenidas. Diez locales comerciales utilizados para reuniones de campañas opositoras fueron clausurados y comitivas de la oposición fueron retenidas en controles viales. Adicionalmente, dirigentes de oposición denunciaron el cierre de medios de comunicación y la falta de espacios en radio y televisión pública para candidaturas no oficialistas.

La CIDH y la RELE consideran que estos hechos no son actos aislados. En cambio, forman parte de un patrón de persecución dirigido a desalentar la participación política de la oposición y la población en general. Estos ataques a la democracia y estas restricciones arbitrarias a las libertades de expresión, asociación y reunión tienen como finalidad perpetuar al partido de gobierno en el poder.

El Estado de Venezuela necesita urgentemente adoptar un compromiso con la democracia. Ello exige que se reconstruya la separación e independencia de los poderes públicos, de forma que cese la persecución política, se respete la libertad de expresión y la libertad de prensa, y se garantice la participación política de la oposición en condiciones de igualdad."[72]

---

[72] Véase el Comunicado: "CIDH: Venezuela debe poner fin a la persecución política y garantizar el desarrollo de elecciones libres,"

En ese marco, por supuesto, con todavía muchos presos políticos detenidos o desaparecidos, y en particular, con los dirigentes de los comandos de campaña de la candidata más importante del país desaparecidos, presos o amenazados de ser detenidos, no era posible afirmar que existieran condiciones electorales para unas elecciones limpias y justas.[73] Al contrario, como lo expresaron los Expresidentes de América Latina del Grupo IDEA,

"las elecciones presidenciales previstas para el venidero 28 de julio, en las que se impidió la inscripción como candidata de la líder indiscutible de la resistencia democrática, María Corina Machado, luego la de Corina Yoris propuesta por esta, y aceptándose la candidatura del embajador

---

Washington, 8 de julio de 2024, disponible en: https://www.oas.org/es/CIDH /jsForm/?File=/es/cidh/prensa/comunicados/2024/159.asp

[73] El proceso electoral que se ha desarrollado en Venezuela, por supuesto, no pasa el test que formuló Carlos Sarmiento Sosa, para "determinar si un proceso electoral se celebra en condiciones libres y competitivas," para lo cual, lo que hay es que responder sin dificultades, con un "Sí" o un "No," a las siguientes preguntas: "¿El control del proceso electoral está a cargo de un órgano independiente e imparcial, que no se decanta en favor de determinado candidato? ¿El registro electoral es serio y confiable y refleja el número real de electores inscritos? ¿La postulación de candidatos es libre, sin la utilización de procesos amañados producto de la judicialización -*lawfare*- de casos políticos a cargo de tinterillos judiciales o administrativos? ¿El conteo de votos es real, sin manipulación de los resultados? ¿La libertad de los candidatos y de sus seguidores en la campaña electoral es absoluta? ¿Los derechos civiles y políticos son ejercidos sin limitaciones a la libertad de expresión, la libertad de prensa, la libertad de asociación y de reunión? ¿El acceso de los ciudadanos a los centros de votación es libre, sin acoso para que depositen la papeleta que favorece a determinado candidato? ¿El uso de los espacios publicitarios y de promoción se hace sin predilección por algún candidato? ¿Los recursos económicos empleados durante la campaña son equitativos?" Siendo su conclusión la siguiente: "Si, al responder el "test" las respuestas son afirmativas, se podrá hablar de elecciones libres y competitivas; pero si alguna es negativa, entonces el proceso será fraudulento." Véase Carlos Sarmiento Sosa, *Conocer el derecho: Herramienta del ejercicio ciudadano*, Editorial Jurídica Venezolana International, 2024, pp. 47-48.

Edmundo González Urrutia a instancias de la misma Machado y de los partidos que forman la Plataforma Unitaria, *se realizarán en un contexto de facto, sin garantías institucionales ni electorales, con total ausencia de un Estado democrático y constitucional de Derecho.*"[74]

Esa ausencia de garantías electorales en 2024 las he resumido Miguel Ángel Martín, destacando los siguientes hechos que han caracterizado el proceso electoral:

"1. La realización de un Referéndum sobre el tema del Esequibo con un resultado absurdo, donde se afirmó que participaron más de 10 millones de personas en centros electorales vacíos, y el anunció de la creación de un Estado de la Guyana Esequiba sin control efectivo del territorio.

2. La inhabilitación de partidos políticos para presentar candidaturas, así como la inhabilitación selectiva de candidatos, incluyendo el caso emblemático de María Corina Machado, donde se le impide su candidatura por la vía de hechos sin existir una sentencia judicial de inhabilitación.

3. La aprobación de un padrón electoral con graves insuficiencias, que excluye a más de 7 millones de venezolanos que residen fuera del país, así como la manipulación de la reubicación de aproximadamente 2.5 millones de venezolanos dentro del país, que impiden manifestar su voluntad en las elecciones.

4. La creación de 1595 nuevos centros electorales sospechosos con una mesa en zonas controladas por partidarios del régimen, como lo es el caso de "la piedrita", donde se habilitan 4.9 millones de electores.

---

[74] Véase IDEA, "Declaración sobre las Elecciones Presidenciales en Venezuela," en *"Grupo IDEA*: Elecciones presidenciales en Venezuela serán en un contexto de facto, sin garantías institucionales ni electorales," en *El Impulso*, 19 de junio de 2024, disponible en: https://www.elimpulso.com/2024/06/19/grupo-idea-elecciones-presiden ciales-en-venezuela-seran-en-un-contexto-de-facto-sin-garantias-insti tucionales-ni-electorales-19jun/.

5. La detención arbitraria de diversos líderes políticos durante el proceso electoral, así como el control sumiso del Tribunal Supremo de Justicia, la Asamblea Nacional, la Fiscalía General, la Contraloría General y el órgano electoral, todos bajo la influencia y órdenes de Maduro y sus cómplices.

6. Las recientes inhabilitaciones y detenciones de varios alcaldes que han dado su apoyo a una candidatura democrática."[75]

Y menos pueden considerarse libres y justas, cuando los más importantes Observadores internacionales ya habían anunciado que si no había tales condiciones no participarán en ninguna Observación o acompañamiento electoral.

De allí lo expresado por la Sra. Marta Valiñas, Presidenta de la Misión internacional independiente de determinación de los hechos sobre la República Bolivariana de Venezuela en su Actualización oral en el 55° período de sesiones del Consejo de Derechos Humanos el 20 de marzo de 2024:

"Estas acciones ponen en evidencia las graves dificultades que existen para garantizar que las próximas elecciones presidenciales se desarrollen de conformidad con el derecho a participar en los asuntos públicos previsto en el Pacto Internacional de Derechos Civiles y Políticos."[76]

Tal como lo resumió la Comisión Interamericana de Derechos Humanos en Comunicado de Prensa el 5 de abril de 2024:

"La Comisión Interamericana de Derechos Humanos (CIDH) rechaza todos los obstáculos a la participación de candidaturas opositoras en el proceso electoral

---

[75] Véase Miguel Ángel Martín, "No es un fraude electoral, es un golpe de Estado," en *Diario Las Américas*, 23 de junio de 2024, disponible en: https://www.diariolasamericas.com/opinion/no-es-un-fraude-electoral-es-un-golpe-estado-n5358763

[76] Disponible en: ttps://www.ohchr.org/es/statements-and-speeches/2024/03/statement-marta-valinas-chair-independent-international-fact

venezolano, incluyendo aquellos que impiden la inscripción de candidaturas opositoras para las elecciones presidenciales de 2024. Impedir la participación de algunas o determinadas candidaturas opositoras en el proceso electoral, corrobora que el Poder Electoral no ofrece garantías de independencia e imparcialidad. En consecuencia, se anula la posibilidad de celebrar elecciones presidenciales libres, justas y competitivas.

Desde el día 21 hasta el 26 de marzo, dirigentes de la oposición denunciaron ante la opinión pública y el Consejo Nacional Electoral que no podían acceder al sistema automatizado de postulaciones por problemas técnicos.

Llegada la fecha límite para la inscripción de candidaturas, el día 26 de marzo, la candidata Corina Yoris no pudo formalizar su inscripción en nombre de la Mesa de la Unidad Democrática (MUD) por la persistencia de dichos problemas.

La Comisión reitera que estas acciones restringen la oferta electoral de los sectores opositores, desincentivan la participación política y perpetúan un gobierno represivo. A los obstáculos denunciados por la candidata opositora Corina Yoris, se suman otros actos antidemocráticos como la inhabilitación administrativa de los líderes opositores María Corina Machado y Henrique Capriles, así como las detenciones arbitrarias de defensores de derechos humanos como Rocío San Miguel y dirigentes de partidos políticos de oposición, entre otros.

En un Estado democrático es fundamental que se garantice la participación política en condiciones de igualdad.

En el caso venezolano es crucial el levantamiento de inhabilitaciones administrativas y el cese de cualquier acto dirigido a desalentar la participación de la población en asuntos de interés público.

La CIDH llama a adoptar, con urgencia, medidas para restablecer la separación e independencia del Poder

Electoral, del Poder Judicial y demás poderes públicos. Sólo así se podrá reconstruir la democracia y la confianza en las instituciones públicas."[77]

Por todo lo anterior, a juicio de la propia Organización de Estados Americanos, refiriéndose a "las acciones de enjuiciamiento y prisión política de opositores, especialmente aquellos vinculados al liderazgo opositor mayoritario," y tomando en cuenta todas las otras acciones que en global hemos analizado anteriormente y que caracterizaban la situación del país en la víspera de las anunciadas elecciones presidenciales de julio de 2024, todas ellas "dejaron en claro que la dictadura no tenía ninguna intención de permitir la realización de elecciones limpias y transparentes," es decir, que liquidaba "una vez más para Venezuela la posibilidad de elecciones libres, justas y transparentes."[78] Por ello, a comienzos de junio de 2024, José Ignacio

---

[77] Véase: "CIDH: el Estado de Venezuela debe asegurar la participación política de la oposición en las elecciones presidenciales, sin arbitrariedades," 5 de abril de 2024, disponible en: https://www.oas.org/es/CIDH/jsForm/?File=/es/cidh/prensa/comunicados/2024/067.asp. Véase igualmente lo expuesto sobre las detenciones arbitrarias de lideres políticos en "Actualización oral de la Sra. Marta Valiñas, Presidenta de la Misión internacional independiente de determinación de los hechos sobre la República Bolivariana de Venezuela en el 55 período de sesiones del Consejo de Derechos Humanos," 20 de marzo de 2024. Disponible en: https://www.ohchr.org/es/ statements-and-speeches/2024/03/statement-marta-valinas-chair-independent-international-fact

[78] Asociarte Press, "OEA Descalificación de Machado "liquida posibilidad de elecciones libres" en Venezuela" en *Vozdeamérica,* 28 de enero de 2024, disponible en https://www.vozdeamerica.com/a/oea-descalificacion-de-machado-liquida-posibilidad-de-elecciones-libres-en-venezuela/7460745.html. Por ello Francisco Suniaga destacaba, al analizar la situación política electoral de hoy, comparada con ocasiones anteriores, que a pesar de que la candidatura unitaria presentada por la oposición "superados ya no pocos e importantes obstáculos políticos" "podría resultar victoriosa en las elecciones del próximo 28 de julio," habiendo en tal sentido "múltiples indicios de que este sería un triunfo seguro," ello sin duda sería así "si enfrente estuviese un gobierno democrático, mas no es así." Por el contrario, agregó Suniaga, "el adversario es una dictadura entrenada en el engaño y el abuso de poder. El plan para

Hernández indicaba, que "es un error pensar que los comicios serán libres y justos, y que quien resulte proclamado será aceptado y reconocido como presidente,"[79] y María Corina Machado afirmaba que "la ciudadanía «no es ingenua» y sabe que se enfrenta a «un proceso electoral que no es justo, libre ni competitivo."[80]

Ello además quedaba confirmado por el hecho de que la Unión Europea, finalmente, a principios de junio de 2024, anunciaba que daba "por perdida la misión para observar las elecciones en Venezuela;"[81] después de una manifestación unilateral e ilegal de rechazo formulada por el Presidente del Consejo Nacional Electoral, Elvis Amoroso, adoptada en violación de la Ley que lo rige, que exige que las decisiones del órgano

---

resultar victorioso, Maduro lo tiene por escrito desde hace meses y lo ejecuta de manera implacable. Se han inventado conspiraciones, detenido a dirigentes y operadores electorales de las organizaciones opositoras, inhabilitado a MCM y a Corina Yoris, vetado partidos e individuos, apoyado candidatos alacranes y perpetrado otras marramucias. Sobre las organizaciones y candidatos opositores, sin que obsten el estatuto electoral y las leyes, pende además la amenaza de la patada a la mesa. La dictadura puede escoger el momento." Véase Francisco Suniaga, "Las Cuentas de Maduro," en *La Gran Aldea*, 8 de mayo de 2024, disponible en: https://lagranaldea.com/2024/05/08/las-cuentas-de-maduro/

[79] Véase José Ignacio Hernández, "Amnistía, justicia transicional y paz política: ¿qué esperar el 28 de julio?" en *La Gran Aldea*, 4-junio 2024, disponible en: https://lagranaldea.com/2024/06/04/amnistia-justicia-transicional-y-paz-politica-que-esperar-el-28-de-julio/

[80] Véase en Ronny Rodríguez Rosas, "Machado le dice a Colombia y Brasil que tienen una gran responsabilidad de cara al 28 de julio," en *Efecto Cocuyo*, 4 de junio de 2024, disponible enttps://efectococuyo.com/politica/machado-le-dice-a-colombia-y-brasil-que-tienen-una-gran-responsabilidad-de-caras-al-28-de-julio/

[81] Véase la información en *Europapress*, 4 de junio de 20024, disponible en: https://www.europapress.es/internacional/noticia-que-da-perdida-mision- observar-elecciones-venezuela-choque-caracas-20240604111542.html. De allí, incluso el reportaje de Genevieve Glatsky en *The New York Times*, en el sentido de que "Venezuela, que estuvo abierta a unas elecciones limpias, da marcha atrás." 30 de mayo de 2024, disponible en: https://morfema.press/actualidad/the-new-york-times-venezuela-que-estuvo-abierta-a-unas-elecciones-limpias-da-marcha-atras/

colegiado se adopten en sesiones del mismo con participación de todos sus miembros, lo que la hace nula de nulidad absoluta por incompetencia manifiesta. La decisión fue adoptada, además, en violación del Acuerdo de Barbados.[82]

La consecuencia es que, como lo advirtió Josep Borrell:

"la ausencia de la misión de observación electoral de la UE impedirá a la comunidad internacional tener la garantía de que esas elecciones pueden «ser homologadas» y se ha permitido «la expresión libre de los venezolanos."[83]

Todo ello estaba en el Acuerdo de Barbados, razón por la cual la prensa informó que el Presidente Lula de Brasil llamó a Maduro "para recordarle que debe respetar el Acuerdo de Barbados y aceptar observadores electorales,"[84] aun cuando ciertamente, sobre el Acuerdo de Barbados, como lo expresó José Ignacio Hernández, "resulta más fácil identificar las pocas condiciones que se están cumpliendo a medias, de las muchas otras que han sido violadas."[85]

Por ello, para reafirmar el apego al Acuerdo de Barbados, ante el llamado del Consejo Nacional Electoral para que los candidatos presidenciales firmaran un Acuerdo para reconocer la

---

[82] Véase *Acceso a la Justicia*, "El veto del CNE a la UE: otro golpe al acuerdo de Barbados," 11 de junio de 2024, disponible en: https://accesoalajusticia.org/veto-cne-ue-otro-golpe-acuerdo-barbados/

[83] Véase "Borrell lamenta que Venezuela revocara a la Unión Europea la invitación para observar las elecciones presidenciales," en *Albetonews*, 11 de julio de 2024, disponible en: https://albertonews.com/principales/borrell-lamenta-que-venezuela-revocara-a-la-union-europea-la -invitacion-para-observar-las-elecciones-presidenciales/

[84] Véase la información en *La Patilla.com*, 5 junio de 2024, disponible en: https://www.lapatilla.com/2024/06/05/lula-llamo-a-maduro-para-recordarle-que-debe-respetar-el-acuerdo-de-barbados-y-aceptar-obser vadores/

[85] Véase José Ignacio Hernández, "Amnistía, justicia transicional y paz política: ¿qué esperar el 28 de julio?," en *La Gran Aldea*, 4-junio 2024, disponible en: https://lagranaldea.com/2024/06/04/amnistia-justicia-transicional-y-paz-politica-que-esperar-el-28-de-julio/

autoridad del organismo electoral y comprometerse a respetar el resultado electoral, lo que de por sí se interpretó como una muestra evidente de la crisis institucional del país,[86] el candidato de oposición Edmundo González se excusó de participar en dicha firma, porque el compromiso que se buscaba ya estaba expresado en el Acuerdo de Barbados.[87]

En todo caso, lo que le quedaba que el pueblo, efectivamente, incluso ante tantos escoyos, era seguir manifestando bajo el liderazgo y el discurso directo, comprensible y auténtico

---

[86] Véase el reportaje de Agencia EFE, "Acuerdo para reconocer resultado electoral refleja la "gravedad" institucional venezolana," *EFE*, 20 de junio de 2024, disponible en:https://www.msn.com/es-es/noticias/nacional/acuerdo-para-reconocer-resultado-electoral-refleja-la-gravedad-institucional-venezolana/ar-BB1oAfWx?ocid=BingNewsSerp. Por ello, con razón, Ramón Cardozo estimó que "En este acuerdo, los candidatos debían reconocer que «el CNE ha venido dando cumplimiento a las garantías electorales en cada una de las fases del proceso establecidas en el cronograma electoral». La firma de este documento, que se asemeja más a una patente de corso, habría implicado avalar todos los desmanes cometidos por el régimen de Maduro en esta campaña electoral. Esta maniobra solo confirma que el régimen de Maduro persistirá en su intento de torcer la voluntad de cambio del pueblo venezolano por cualquier medio," en Ramón Cardozo, "Elecciones venezolanas continúan bajo la sombra autoritaria," en *Morfema Press*, 25 de junio de 2024, disponible en: https://morfema.press/actualidad/elecciones-venezolanas-continuan-bajo-la-sombra-autoritaria-2/

[87] El candidato opositor, "González Urrutia reiteró que el reconocimiento de los resultados está contemplado en el punto 12 de los acuerdos sobre garantías electorales firmados en Barbados que, insistió, ha sido violado por el gobierno al *revocar la invitación* a la Misión de Observación Electoral de la Unión Europea (MOE UE) y al "aumentar" la persecución contra dirigentes y simpatizantes opositores. Véase Carolina Alcalde, "Venezuela: Candidatos presidenciales firman pacto electoral, oposición se apega al Acuerdo de Barbados," en *La Voz de América,* 20 de junio de 2024, disponible en: https://www.vozdeamerica.com/a/venezuela-candidatos-presidenciales-firman-pacto-electoral-oposicion-se-apega-al-acuerdo-de-barbados/7663637.html

de María Corina Machado, quien seguía recorriendo el país,[88] el ejercicio pleno de su soberanía para recuperar la plenitud de sus derechos, "en forma libre, sin miedo, con disposición a recuperar su democracia,"[89] y que eso se materialice en una nueva rebelión popular expresada a través del sufragio, cuyos resultados no puedan cambiarse ni manipularse, que imponga el cambio de gobierno que el país reclama, y que obligue al liderazgo del régimen a entender que tiene que ceder el poder abriéndose un necesario proceso de transición. El país lo reclama y si les queda algo de sensatez, tendrían que entenderlo.[90]

Y ciertamente, hacia el final de la campaña electoral parece que el régimen ya comenzaba a entender muy bien su derrota, siendo esa la única explicación que se puede dar al incremento de las persecuciones contra miembros de la oposición

---

[88]   Véase GDA. *La Nación*: "María Corina Machado se vuelve el motor de la campaña de la oposición y un fenómeno imparable para el régimen chavista," en *El Nacional*, 13 de mayo de 2024, disponible en: https://www.elnacional.com/venezuela/maria-corina-machado-se-vuel ve-el-motor-de-la-campana-de-la-oposicion-y-un-fenomeno-imparable-para-el-regimen-chavista/

[89]   Véase Fortunato González Cruz, "El ejercicio directo de la soberanía popular," *Diario de Los Andes*, 12 de mayo de 2024, disponible en: https://diariodelosandes.com/el-ejercicio-directo-de-la-soberania-popu lar-por-fortunato-gonzalez-cruz/

[90]   Por ello, en un Editorial de *Versión Final*, "Hay un horror en el aire," se lee: "Miraflores saca cuentas y las matemáticas no les dan. Y eso, obviamente, despierta horrores. Los números no acompañan al Gobierno para el 28 de julio. Se ve en las calles, en estudios de opinión, en el rechazo internacional, en las conversaciones de familia dentro y fuera del país, en las redes sociales. Ellos lo saben. Ese horror del Gobierno tiene origen en su propia incertidumbre. En no saber cómo gestionar el estado de la cosa, en reconocer que, a cada táctica de miedo, los venezolanos responden con arrojo. Allí están las muestras de valentía de pequeños y medianos empresarios recibiendo a los líderes de oposición pese a las amenazas de ataques en su contra. Allí están los pueblos de toda Venezuela inundando calles para compartir la idea de otro país." Véase en *Versión Final*, 16 de junio de 2024, disponible en: https://versionfinal.com.ve/editoriales/editorial-hay-un-horror-en-el-aire/

continuaran despiadadamente, a la multiplicación de los abusos de corrupción de uso de los recursos del Estado por quienes apoyan al candidato Maduro,[91] e incluso, a que la policía, por órdenes superiores, llegara a obstaculizar abiertamente el tránsito por grandes arterias viales del país, como por ejemplo ocurrió en la autopista regional del Centro el día 13 de julio de 2024, para tratar de impedir el paso de María Corina Machado hasta la ciudad de Valencia, donde al fin llegó luego de tener que pasar a pie los obstáculos policiales que violaban el más elemental derecho de las personas a libre tránsito.[92] A ello se agregó, no sólo la abusiva interrupción del internet, sino la ruptura de calles y la tala de árboles, con el mismo inútil propósito pretender impedir su presencia en la concentración popular en esa ciudad, y

---

[91] Véase la información de *Transparencia Venezuela*, en la reseña: "En los seis meses anteriores a la campaña electoral, Transparencia Venezuela, a través de Dilo Aquí y EsPaja, ha registrado 152 eventos relativos al uso del patrimonio público para hacer proselitismo político, situaciones que son consideradas irregularidades o delitos de corrupción," en *Morfema Press*, 13 de julio de 2024, disponible en: https://morfema.press/actualidad/proselitismo-y-corrupcion-152-eventos-registrados-antes-de-la-campana-electoral-en-venezuela/

[92] Como lo reseñó EFE: "La líder opositora de Venezuela María Corina Machado sorteó este sábado "obstáculos" en su viaje hacia Valencia, estado Carabobo, al superar dos cierres de la autopista que conduce hacia esa ciudad, donde encabezará un acto de campaña junto al candidato presidencial Edmundo González Urrutia, de cara a las elecciones del 28 de julio. EFE constató el cierre del paso -que produjo un fuerte embotellamiento- así como el despliegue en la vía de funcionarios de la Fuerza Armada Nacional Bolivariana (FANB), que justificaron el bloqueo por labores de mantenimiento en la carretera," en "María Corina Machado sortea cierre de vías para asistir a un acto de campaña en Venezuela," en *Swissinfo.ch*, 13 julio 2024, disponible en: ttps://www.swissinfo.ch/spa/maría-corina-machado-sortea-cierre-de-vías-para-asistir-a-un-acto-de-campaña-en-venezuela/83677099. Igualmente, véase la reseña "Gobierno guarimbero tranca la principal arteria vial del país con la ilusión de frenar a María Corina su llegada a Valencia," en *Morfema Press*, 13 de julio de 2024, disponible en: https://morfema.press/actualidad/gobierno-guarimbero-tranca-la-principal-arteria-vial-del-pais-con-la-ilusion-de-frenar-a-maria-corina-su-llegada-a-valencia-modo-payasos/

todo con grave lesión al derecho a la información, al patrimonio público y al medio ambiente.[93]

La segura derrota del gobierno, por otra parte, también era lo único que podía explicar la amenaza y discurso de odio formulada diez días antes de las elecciones por quien ejerce la Presidencia de la República y dirige la Fuerza Armada, de que el pueblo tenía que votar por él y él ganar las elecciones "si no quieren que Venezuela caiga en un baño de sangre, en una guerra civil fratricida…".[94] Aparte de que discursos de ese tipo son precisamente de los que prohíbe la famosa Ley contra el Odio de 2017, al candidato oficialista parecía que se le había olvidado que para que pueda haber un "baño de sangre" en un país, cuando el pueblo no está armado, tendría que ser masacrarlo por quien tiene las armas, y ello constituiría un genocidio; y que para que pueda haber una "guerra civil" en un país, se necesitan al menos dos bandos armados, y en Venezuela, el monopolio de las armas lo tiene la Fuerza Armada.

---

[93]   Igualmente, véase la reseña "Gobierno guarimbero tranca la principal arteria vial del país con la ilusión de frenar a María Corina su llegada a Valencia (modo payasos)," en *Morfema Press,* 13 de julio de 2024, disponible en: https://morfema.press/actualidad/gobierno-guarimbero-tranca-la-principal-arteria-vial-del-pais-con-la-ilusion-de-frenar-a-ma ria-corina-su -llegada-a-valencia-modo-payasos/

[94]   Véase Sol Amaya, "Maduro advirtió de "baño de sangre" en Venezuela si no gana las elecciones," en *CNN Español*, 17 julio, 2024, disponible en: https://cnnespanol.cnn.com/2024/07/17/maduro-bano-de-sangre-elecciones-venezuela-orix/. Ante estas expresiones el ex canciller de Perú Luis González Posada, expresó: "No sé si escucho al presidente de Venezuela o al jefe del Tren de Aragua. Tienen el mismo lenguaje, la misma 'matonería', la misma agresividad, uno en el Palacio de Miraflores y otro en los cobertizos de la delincuencia común", en Ricardo Mc Cubbin "No sé si escucho al presidente de Venezuela o al jefe del Tren de Aragua." En *Merfoma Press*, 18 de julio de 2024, disponible en:ttps://morfema.press/actualidad/no-se-si-escucho-al-presidente-de-venezuela-o-al-jefe-del-tren-de-aragua/

V

LA ELECCIÓN PRESIDENCIAL DE JULIO DE 2024, COINCIDENTE CON UNO DE LOS MOMENTOS CONSTITUYENTES EN LA HISTORIA DEL PAÍS

Y es que, en efecto, la elección presidencial programada para julio de 2024, se va a realizar en uno de los momentos constituyentes que se han dado en la historia del país, que como en el de 1998,[95] el liderazgo democrático está en la obligación de identificar y asumir, y no ocurra como sucedió en aquél entonces, que el mismo no lo entendió y, por tanto, no lo hizo suyo para poder producir los cambios que la propia democracia exigía, siendo en consecuencia el mismo, arrebatado por otros y ésta se derrumbó.

En efecto, debo recordar que, en 1998, en pleno momento constituyente por la crisis de funcionamiento del sistema democrático que se había establecido cuarenta años antes, en el Discurso de Orden que me correspondió dar como Presidente de la Academia de Ciencias Políticas y Sociales en la sesión solemne conjunta de todas las Academias Nacionales del país con

---

[95]   Véase Allan R. Brewer-Carías, *Crónica constitucional sobre el momento constituyente perdido de 1998. (Que el liderazgo democrático no entendió ni supo asumir, y que Chávez le arrebató en 1999 para establecer un régimen autoritario)*. Colección de Crónicas Constitucionales para la Memoria Histórica, No. 8, Biblioteca Allan R. Brewer-Carías, Instituto de Investigaciones Jurídicas, Universidad Católica Andrés Bello, Editorial Jurídica Venezolana, Caracas 2024, 480 pp.

motivo del Quinto centenario de la llegada de Cristóbal Colón a las tierras de Venezuela, que:

"Los venezolanos somos muy dados a olvidar la historia, incluso la reciente. Los mismos motivos que nos llevaron a proponer en 1992 la necesidad de una consulta popular sobre la Constituyente son los que ahora, agravados, nos llevan a pensar que ésta es inevitable para reconstituir el sistema político y el Estado.

El reto que hoy tenemos los venezolanos entonces es darnos cuenta definitivamente de cuál es la disyuntiva real que tenemos planteada: *o convocamos democráticamente la Constituyente para reconstituir el sistema político en ejercicio de nuestros propios derechos democráticos, o nos la van a convocar quizás después de conculcárnoslos por algún tiempo o por ahora, que siempre es un tiempo impreciso por arbitrario.*"[96]

Y agregaba, como se plasmó en las reseñas periodísticas del evento:

"No habría que esperar a una ruptura política para llegar a la Constituyente; ni debe existir temor hacia ella, por lo cual deben buscarse las vías para una reforma constitucional que le de piso político a tal transformación. Un nuevo proyecto nacional, sin exclusiones, que debieron asumir en su momento los partidos no termina de calar, desembocando en el actual vacío político y de liderazgo, ya que ninguna de las opciones electorales se presenta como una alternativa."[97]

---

[96] Véase el texto del discurso en: https://allanbrewercarias.com/wp-content/uploads/2007/09/665.-616.-500-años-definitivo-Discurso-Orden-13-7-98.pdf

[97] Véase el reportaje de Luis Mendoza Rincones "No hay que temerle a la Constituyente," en el diario *El Globo*, Caracas, 8 de agosto de 1998 (p. 4): e igualmente el de Luisana Colomine, "...La Constituyente es inevitable para reconstituir el Estado,' publicado en el diario *El*

Por supuesto, en 1998, ese no era el primer momento constituyente en la historia de Venezuela, ni fue el último: Después de esa fecha, y después de quince años de régimen autoritario, en primer lugar, se manifestó en 2015, con motivo del triunfo de las elecciones parlamentarias de ese año, en las cuales la oposición democrática se vio ganadora como producto de una auténtica rebelión popular generalizada que se produjo contra el régimen autoritario, lo que exigía de la nueva Asamblea Nacional que se eligió, y en la cual la oposición democrática llegó a tener una mayoría calificada, entender y asumir el proceso constituyente que estaba en curso, y proceder a reconstituir el sistema político y eventualmente convocar una Asamblea Constituyente para reconstruir el Estado y volver a implantar la democracia, todo lo cual se perdió; y en segundo lugar, se está manifestando en la actualidad, en 2024, con motivo de la movilización del alma nacional que ha llevado adelante la líder de la oposición democrática, María Corina Machado, con el apoyo de los más importantes partidos de oposición.

Y precisamente por ello, el reto está de nuevo en que el liderazgo opositor entienda que lo que está por delante, no es una elección presidencial más,[98] sino que la misma ocurre en un momento constituyente, el cual está también movido por una rebelión popular que quiere expresarse mediante el voto

---

Universal, Caracas, el 8 de agosto de 1998 (p. 1-18). Véase también lo expresado en declaraciones dadas a José Luis Olivares, "O convocamos a una Asamblea Constituyente en democracia o nos la convocan," publicadas en el diario *Últimas Noticias*, Caracas, el 20 de agosto de 1998 (p. 9),

[98] En ese sentido estimo que el "candidato" presidencial Sr. Ecarri, está totalmente equivocado al expresar que "no cree en una transición en el país, pero sí en una transmisión de mando" como si la de julio de 2024 fuera una normal elección presidencial en democracia plena. Véase Sofía Nederr, "Ecarri: Venezuela no está para transición sino para cambio de gobierno, en: Tal cual, en *Morfema,* 6 de junio de 2024, disponible en: https://morfema.press/actualidad/ecarri-venezuela-no-esta-para-transicion-sino-para-cambio-de-gobierno/

en las elecciones presidenciales previstas para fines de julio de 2024, y que por supuesto va a exigir mucho más que ganar una sola elección presidencial.

Ello, entre otras cosas, no solo contribuirá a impedir que se pueda llegar a manipular el resultado electoral, pues en el propio régimen tienen que entender que con ello se correría el riesgo de despertar un monstruo popular,[99] sino que va a exigir que tan pronto como ésta se efectúe, durante el período de transición que se abre a partir de agosto de 2024, el proceso constituyente mismo comience a ser asumido con ese respaldo popular para establecer efectivamente el *Estado democrático y social de derecho descentralizado* que en cierta forma fue prometido en el texto de la Constitución de 1999, y nunca fue implementado, que los venezolanos quieren, desalojando del poder al régimen autoritario.

Es precisamente en el marco de un proceso constituyente que sea el resultado de una iniciativa o consulta popular con el respaldo de todo el pueblo luego de que se manifieste en la elección presidencial de julio de 2024, que podría efectivamente darse el "más grande diálogo" al cual se refirió el mismo Sr. Maduro, de todas las fuerzas "con vocación de hacer Democracia,"[100] pero por supuesto para asegurar su salida del poder. Como lo ha observado John Magdaleno, el proceso actual es la

---

[99] Como lo dijo Rubén Chirino de Meganálisis "Si le cierran todas las ventanas a María Corina Machado, podrían despertar un monstruo en el país." Véase en *Morfema Press*, 3 de junio de 2024, disponible en: https://morfema.press/actualidad/si-le-cierran-todas-las-ventanas-a-maria-corina-machado-podrian-despertar-un-monstruo-en-el-pais-ruben-chirino-de-meganalisis-en-entrevista-con-nitu/

[100] Véase el reportaje: "Maduro propone "un gran diálogo" después de presidenciales" en *La Prensa Diario de Lara,* 27 de mayo de 2024, disponible en: https://ww.laprensalara.com.ve/nota/73206/2024/05/maduro-propone-un-gran-dialogo-des pues-de-presidenciales maduro propone "un gran diálogo" después de presidenciales

"mejor oportunidad que hemos tenido en 25 años, como sociedad, de aproximarnos a una transición a la democracia." [101]

Ciertamente, según José Ignacio Hernández, como el presidente electo no puede eliminar todas las instituciones del Estado autoritario por decreto, si bien la opción por un proceso constituyente puede no ser la "opción perfecta,"[102] sin embargo es la que impone el momento constituyente actual tomando en cuenta que no se trata de un proceso constituyente para desmantelar y destruir la democracia y las instituciones del Estado de Derecho como fue la que ideó Chávez cuando asaltó el poder en 1999, ni lo que pretendió hacer con la reforma constitucional fallida de 2007 para fraudulentamente crear el Estado Comunal o del Poder Popular; ni lo que luego, en 2017, amenazó Nicolás Maduro con hacer ejecutar por la también fraudulenta y fallida Asamblea Nacional Constituyente de 2017.

Tampoco se trata de un proceso constituyente para enfrascarse en la elaboración de una Constitución totalmente nueva, pues solo se harían unas reformas sustanciales mínimas como, por ejemplo, restablecer la bicameralidad del Poder Legislativo, eliminar la reelección indefinida, restablecer la sujeción de los militares a la autoridad civil, y reforzar la descentralización el federalismo y el municipalismo en el país.

De lo que se trata ahora, en este momento constituyente de 2024 es de establecer un régimen Estado democrático, descentralizado, de libertades y de sumisión al derecho que es por lo que toda Venezuela clama, para lo cual no basta ganar una elección presidencial, sino que, incluso, aplicando efectivamente la

---

[101] Véase la reseña: John Magdaleno: "El papel de Edmundo González es facilitar la transición" en *El Estímulo*, 3 de junio de 2024, disponible en: https://elestimulo.com/politica/2024-06-02/edmundo-gonzalez-transicion-democracia-magdaleno/

[102] Véase José Ignacio Hernández, "Amnistía, justicia transicional y paz política: ¿qué esperar el 28 de julio?", en *La Gran Aldea*, 4-junio 2024, disponible en: https:// lagranaldea.com/2024/06/04/amnistia-justicia-transicional-y-paz-politica-que-esperar -el-28-de-julio/

Constitución de 1999, es indispensable asumir el proceso de cambiar, como consecuencia de dicha elección, la composición misma de todos los podres públicos, realizando un conjunto de reformas esenciales.[103] Y siempre considerando que efectivamente se trata de una rebelión popular mediante el sufragio contra el régimen,[104] que el país tiene que interpretar, incluyendo el componente militar,[105] pues efectivamente, como lo ha expresado Moisés Naím, "mientras la Fuerza Armada esté del lado de Maduro, no habrá cambio político."[106]

---

[103] Véase lo expresado por Jesús María Casal, en Alexis Pérez, "Cuáles son las reformas indispensables para reconstruir la democracia en Venezuela después del chavismo", en *Infobae*, 8 de junio de 2024, disponible en: https://www.infobae. com/venezuela/2024/06/08/cuales-son-las-reformas-indispensables-para-reconstruir -la-democracia-en-venezuela-despues-del-chavismo/

[104] Como lo ha expresado de la Cruz, "Un resultado electoral en las próximas elecciones presidenciales de Venezuela de esas características podría ser el eficaz «lubricante» que afloje las estructuras de poder aparentemente inamovibles que controla el madurismo, tales como el Tribunal Supremo de Justicia, la Asamblea Nacional, el PSUV y la Fuerza Armada Nacional Bolivariana." Véase Antonio de la Cruz, "Un resultado electoral contundente impulsará el cambio," en *El Nacional*, 5 de junio de 2024, disponible en: https://www.elnacional.com/opinion/un-resultado-electoral-contundente-impulsara-el-cambio/

[105] Véase, por ejemplo, Sebastiana Barráez, "La Fuerza Armada de Venezuela reconocerá el triunfo opositor": la palabra de militares de diversos componentes," en *Punto de Corte*. Plataforma Comunicacional, 31 de mayo de 2024, disponible en: https://puntodecorte.net/la-fuerza-armada-de-venezuela-reconocera-el-triunfo-opositor/ Sin embargo, como lo observa Gustavo Coronel, "la corrupción existente en las Fuerzas Armadas exige que los sectores de esas fuerzas armadas que no han sido presas de la degradación actúen para restaurar el decoro de una nación humillada y avergonzada." Véase Gustavo Coronel, en *Morfema Press*, 2 de junio de 2024, disponible en: https://morfema. press/opinion/la-fuerza-armada-venezolana-le-dio-la-espalda-a-su-mision-por-gustavo-coronel/

[106] En entrevista con Alejandro Hernández, Moisés Naim agregó: "Los militares de Venezuela son la guardia pretoriana del dictador y cuentan con el apoyo de aliados internacionales como Cuba, Rusia, China,

Como lo observó la Conferencia Episcopal venezolana, en su Exhortación Pastoral "Caminar juntos con Esperanza" del 11 de julio de 2024:

"El papel que juega la Fuerza Armada Nacional Bolivariana es fundamental como garante de la institucionalidad democrática. La Constitución Nacional les permite votar en los comicios electorales, más su misión consiste en servir al pueblo soberano, respetando y haciendo respetar la voluntad popular expresada en el voto, y garantizando el orden y la paz en todo el territorio nacional."[107]

Por ello, por ejemplo, Oswaldo Álvarez Paz ha manifestado su:

"confianza en el valor y en el coraje de nuestras Fuerzas Armadas. La familia militar también es parte de la familia civil.

Bielorrusia, Irán, etcétera… La oposición está enfrentando potencias mundiales que apoyan al régimen con recursos, logística, armas, dinero y alianzas con grupos criminales; creando una enorme asimetría entre ambos. Sin embargo, no hay que desilusionarse, porque también están ocurriendo sorpresas positivas, por ejemplo, yo no pensé que las primarias se iban a suceder, y tuvieron mucho éxito. Ahora estamos viendo el arrase de María Corina Machado en las calles del país, situación que es extraordinaria y no tiene precedente." Véase en Alejandro Hernández, "Moisés Naím: la oposición está enfrentando potencias mundiales que apoyan al régimen con dinero y alianzas con grupos criminales," *La Gran Aldea*, 7 de junio de 2024, disponible en: https://lagranaldea.com/2024/06/07/moises-naim-la-oposicion-esta-enfrentando-potencias-mundiales-que-apoyan-al-regimen-con-dinero-y-alianzas-con-grupos-criminales/

[107] Véase el texto adoptado en la CXXII Asamblea Ordinaria Plenaria del Episcopado Venezolano, disponible en: h ttps://conferenciaepiscopalvenezolana.com/exhortacion-pastoral-caminar-juntos-con-esperanza/

En ese mundo al igual que en el civil, hay de todo: buenos, regulares y malos. Honrados a carta cabal y deshonestos conocidos. Es la hora de los buenos. El cambio será una realidad indetenible."[108]

Ello debe ser así, incluso ante lo expresado por el Ministro de la Defensa, General Padrino López, con ocasión de los actos de celebración del Aniversario de la Batalla de Carabobo, el 24 de junio de 2024, convertido en acto de proselitismo político y de incitación al voto militar, al indicar que:

"El próximo 28 de julio este ejército esplendoroso, luminoso como está aquí, saldrá a las calles. En una mano el fusil para resguardar el orden, proteger al pueblo en esas elecciones, proteger el material electoral también. Y en otra mano, nuestra fuerza, nuestro deber cívico, nuestro derecho político, también de ejercer el sufragio, porque también nosotros somos ciudadanos y ciudadanas.. […]

Y allí, queridos hermanos, tendremos que despejar el dilema de volver al colonialismo, al entreguismo, al proimperialismo o estar del lado de la patria insurgente, valiente, corajuda, bolivariana, antiimperialista. El próximo 28 de julio lo estaremos despejando definitivamente para que se acaben nuevamente esa guerra artificial que se nos han inculcado, se nos han metido en los intersticios de la patria."[109]

---

[108] Véase, Oswaldo Álvarez Paz, Desde el Puente: Confianza plena en las Fuerzas Armadas," en *América 2.1,* 9 de junio de 2024, disponible en: https://americanuestra.com/oswaldo-alvarez-paz-desde-el-puente-confianza-plena-en-las-fuerzas-armadas/

[109] Véase la reseña: "Padrino López desde Carabobo: "El 28J saldremos a despejar el dilema de volver al colonialismo o estar del lado de la patria insurgen," en *RDNRedDigital,* 24 de junio de 2024, disponible en: https://rdnvenezuela.com/padrino-lopez-desde-carabobo-el-28j-saldre mos-a-despejar-el-dilema-de-volver-al-colonialismo-o-estar-del-lado-de -la-patria-insurgente-video/ Así, por ejemplo, informó la prensa internacional sobre tal acto: "Elecciones en Venezuela. Generales chavistas

Precisamente por todo lo anterior, es de destacar los aspectos medulares del mensaje que María Corina Machado envió a los miembros de la Fuerza Armada Nacional el 5 de julio de 2024:

"La Fuerza Armada Nacional históricamente ha sido el símbolo que ha garantizado la paz ciudadana, la integridad territorial y el respeto al orden constitucional, lo que representa una de las responsabilidades más elevadas que el Estado puede otorgarle a una institución, y así como en 1958 cumplió un papel decisivo en el advenimiento de la democracia, hoy tiene un desafío fundamental para el futuro de la república.

La Fuerza Armada Nacional será uno de los protagonistas esenciales de las transformaciones requeridas por la sociedad democrática que se avecina. El modelo de enemigo interno ha devenido en la actual doctrina militar, lo que ha tornado nuestro propio poder bélico en contra de la población y sus instituciones y ha puesto de lado la responsabilidad del resguardo de la soberanía Nacional. En la nueva Venezuela será indispensable que la institución militar asuma sin demora la defensa integral del territorio y de la soberanía popular expresada en el voto.

Las amenazas actuales al Estado venezolano que le corresponde enfrentar a la FAN son, entre otras, la presencia de grupos armados irregulares involucrados en el tráfico de drogas y la explotación ilegal de los recursos naturales, lo que genera graves perjuicios a la población y al ambiente.

Igualmente, lo es la permanencia de agentes transcontinentales malignos a quienes se les permite operar dentro del territorio. […]

---

entran en campaña a favor de Maduro. Maduro agradeció de inmediato el apoyo de sus generales, que forman parte de los jerarcas más beneficiados por la corrupción bolivariana," en *El Mundo*, 25 de junio de 2024, disponible en: https://www.elmundo.es/internacional/2024/06/25/6679fb58e9cf4a80028b45a0.htm

La Venezuela nueva necesita una Fuerza Armada Nacional sólida, rigurosamente institucional, apegada al artículo 328 de la Constitución y, sobre todo, con militares respetados por la sociedad de la cual forman parte. El nuevo país les garantizará ese respeto exactamente en la medida en que la conducta institucional prevalezca.[...]

Confío en que Venezuela encontrará en la FAN a hombres y mujeres conscientes de su compromiso con la nación, garantes de la estabilidad interna, del estado de derecho, de la soberanía nacional e integridad territorial. Allí, en sus unidades harán valer el prestigio del que con certeza se harán merecedores y contarán entonces con el aprecio popular. [...]

En 23 días se concretará en Venezuela lo que es un hecho ya reconocido dentro y fuera del país. El 28 de julio acudiremos a ejercer el voto y la FAN al lado del pueblo tienen la misión de contribuir al respeto de la voluntad del soberano. Su papel será crucial porque garantizará una transición en paz hacia la democracia. En el marco del Plan República serán testigos de primera fila de la expresión de un pueblo que clama por libertad y que ve en las urnas electorales el medio pacífico, democrático y constitucional para lograrla.

Miembros de la Fuerza Armada, la nación los necesita. La Constitución debe ser su norte y guía. El 28 de julio se consagrará, mediante el voto popular, el cambio de mando y el 10 de enero de 2025 asumirá el nuevo presidente y comandante en jefe. Estamos convencidos que nuestros militares garantizarán una transición legítima y ordenada.

Con el alma de quien ha recorrido el país desde las ciudades hasta los más pequeños pueblos y que le ha correspondido vivir el sufrimiento y también expresar la esperanza, determinación y valentía de mis compatriotas, los invito a participar con decisión y confianza en este inminente futuro. No nos fallen; nosotros no les fallaremos."[110]

El mismo día 5 de julio de 2024, Nicolás Maduro, en su discurso en el desfile militar de conmemoración del día de la Independencia, expresó "Juro ante ustedes que este bastón de mando de comandante en jefe seguirá en buenas manos en los años por venir. Jamás caerá en manos de ningún oligarca o títere, del traidor. Lo juro."[111] El periodista Daniel Lozano del diario El Mundo de Madrid, en la reseña del discurso, indicó que con el mismo, "Nicolás Maduro aprovechó el desfile militar de la Independencia y de la Fuerza Armada Nacional Bolivariana (FANB) para repetir que no tiene intención de dejar el poder," y que al indicar que el bastón de comandante general jamás caerá en manos de ningún "títere," Lozano indicó que con ello se refería "al candidato opositor Edmundo González Urrutia, que le dobla en las encuestas)."[112]

Ese discurso de Nicolás Maduro, actuando como Presidente de la República, motivó el siguiente Editorial de *Analítica*,

---

[110] Véase "Mensaje de María Corina Machado a la Fanb en el Día de la Independencia" en *La Patilla*, 5 de julio de 2024, disponible en: ttps://www.lapatilla.com/2024/07 /05/el-contundente-mensaje-de-maria-corina-machado-a-la-fanb-en-el-dia-de-la-independencia/. Véase igualmente: "María Corina Machado a las Fuerzas Armadas: "No nos fallen, nosotros no les fallaremos," en *Diario Las Américas*, 5 de julio de 2024, disponible en: https://www.diariolasamericas. com/america-latina/maria-corina-machado-las-fuerzas-armadas-no-nos-fallen-nosotros -no-les-fallaremos-n5359399.

[111] Véase la reseña "Maduro en el Día de la Independencia: "Jamás Venezuela será base militar de ningún imperio," *Globovisión,* 6 de julio de 2024, disponible en: https://www.globovision.com/nacional/23950/ maduro-en-el-dia-de-la-independencia-jamas-venezuela-sera-base-militar-de-ningun-imperio.

[112] Véase Daniel Lozano, "Nicolás Maduro jura a los militares que no entregará el bastón de mando presidencial," en *El Mundo*, 6 de julio de 2024, disponible en: https://www.elmundo.es/internacional/2024/07/ 06/66887e4cfdddfff72a8b456d.html

"En su discurso del 5 de julio Maduro dijo a las FFAA que no entregaría el bastón de mando. ¿Qué quiso decir con eso? ¿Que está convencido de que ganará las próximas elecciones? o, que pase lo que pase, ¿no está dispuesto a ceder el mando?

En el primer caso, es obvio que tiene que hacer lo necesario, e incluso lo imposible, para tratar de vencer en la elección del 28 de julio. Si en cambio, se tratara del segundo caso, sería una declaración muy grave, al señalar que cuenta con el apoyo de Rusia, China e Irán y, por lo tanto, poco le importa lo que piense el mundo si, por el camino que sea, arrebata las elecciones.

Es de esperar que, al fragor de la lucha electoral, esas sean, como en la canción de la inolvidable Mina, solo *parole, parole, parole.*"[113]

Hay que recordar, en todo caso, que tradicionalmente los "bastones de mando" en el mundo militar son un símbolo de los "generales" en la jerarquía militar, que un civil no puede tener. El Presidente de la República, como tal, conforme a la Constitución dirige la Fuerza Armada con el carácter de Comandante en Jefe (art. 236.5), condición que cesa al dejar de ser Presidente sin que tenga que entregar ningún "bastón de mando," que no debe tener porque no es militar.

En todo caso, la tarea cívica y democrática que los venezolanos debemos afrontar, por tanto, de desmontar el Estado controlado por el régimen,[114] no va a ser ni fácil ni rápida, razón por la cual, para ello, precisamente se exige ineludiblemente proceder a la renovación mediante unas elecciones generales que deberían convocarse para este mismo año de 2024, primero, del

---

[113] Véase "¿Solamente palabras…?", en *Analítica,* 8 de julio de 2024, disponible en: https://www.analitica.com/el-editorial/solamente-palabras/

[114] Véase Nelson Chitty La Roche, "¿Cómo desmontar el Estado PSUV? (2)", en *El Nacional,* 7 de junio de 2024, disponible en: https://www.elnacional.com/opinion /como-desmontar-el-estado-psuv-2/

nuevo Poder Legislativo bicameral, para que a través del mismo se efectúe la elección de las nuevas autoridades del Tribunal Supremo de Justicia, del Consejo Nacional Electoral, de la Fiscalía General de la República, de la Contraloría General de la República y de la Defensoría del Pueblo; y segundo, de los Gobernadores y Consejos legislativos de los Estados, y de los Alcaldes y Concejos Municipales de todos los Municipios del país.

Ahora bien, para entender el significado del momento constituyente actual, en todo caso, siempre es útil recordar los momentos constituyentes anteriores a 1999 que se han sucedido a lo largo de la historia, y que se manifestaron siempre como consecuencia de las crisis y colapsos políticos que sufrieron los diversos regímenes,[115] en los cuales, entre otros, se adoptaron las 26 Constituciones que tuvo el país a partir de la constitución del Estado republicano con la Constitución Federal de los Estados de Venezuela de 21 de diciembre de 1811,[116] pudiéndose agrupar las restantes de acuerdo con los cuatro grandes períodos históricos que transcurrieron hasta 1999: el primero, el del Estado independiente, en el cual se sancionaron las Constituciones de

---

[115] Es lo que, por ejemplo, se estudia en el libro de Richard Albert, Menaka Guruswamy y Nishchal Basnyat (Editors), *Founding moments in Constitutionalism*, Hart Publishing, Oxford 2019, en cuya nota de promoción se señala que: "*Founding moments are landmark events that break ties with the ancien régime and lay the foundation for the establishment of a new constitutional order. They are often radically disruptive episodes in the life of a state. They reshape national law, reset political relationships, establish future power structures, and influence happenings in neighbouring countries.*"

[116] Véase Allan R. Brewer-Carías, *Sobre el Constitucionalismo Hispanoamericano Pre-Gaditano 1811-1812*, Colección Cuadernos de la Cátedra Fundacional Charles Brewer Maucó, sobre Historia del Derecho, Universidad Católica Andrés Bello, N° 5, Editorial Jurídica Venezolana, Caracas, 2013; Allan R. Brewer-Carías. *Las Declaraciones de Derechos del Pueblo y del Hombre de 1811*, Academia de Ciencias Políticas y Sociales, Caracas, 2011; Allan R. Brewer-Carías. *Los Inicios del Proceso Constituyente Hispano y Americano. Caracas 1811-Cádiz 1812*, Editorial Bid & Co. Editor, Colección Historia Caracas, 2012.

1811, 1819, 1821, 1830, 1857 y 1858; el segundo, el del Estado federal, en el cual se sancionaron las Constituciones de 1864, 1874, 1881, 1891 y 1893; el tercero, el del Estado autocrático, en el cual se sancionaron las Constituciones de 1901, 1904, 1909, 1914, 1922, 1925, 1928, 1929, 1931, 1936 y 1945; y el cuarto, el del Estado democrático, en el cual se sancionaron las Constituciones de 1947, 1953, 1961 y 1999,[117] esta última sin embargo sin vigencia efectiva en la práctica política.[118]

Si se analizan con detenimiento esos períodos históricos, se puede apreciar que, en la historia de Venezuela, ha sido el colapso recurrente de los regímenes políticos luego de períodos de crisis que siempre se han prolongado por casi una generación, lo que ha derivado en momentos constituyentes, dando paso en 1811, 1863, 1901 y 1961, de un ciclo político a otro. El primer momento constituyente del Estado Republicano que se inició en 1811, tuvo su origen en la crisis política del régimen colonial de la Capitanía General de Venezuela que se inició en 1777 y terminó definitivamente en 1821 (44 años). Y a partir de entonces, se dieron los siguientes períodos republicanos: *primero*, el del Estado independiente semi-federal que va desde 1811 hasta 1863 (52 años); *segundo*, el del Estado federal que va desde 1863 hasta 1901 (38 años); *tercero*, el del Estado autocrático centralizado que va desde 1901 hasta 1961 (60 años); y *cuarto*, el del Estado democrático centralizado que va primero desde 1961 hasta 1998 (37 años), y segundo, a partir de 1999 hasta el

---

[117] Sobre los textos de todas las Constituciones de Venezuela desde 1811 véase Allan R. Brewer-Carías, *Las Constituciones de Venezuela, Academia de Ciencias Políticas y Sociales,* 2 Vols., Caracas 2008. Sobre la historia constitucional de Venezuela explicada en esos grandes períodos, véase Allan R. Brewer-Carías, *Historia Constitucional de Venezuela,* Editorial Alfa, 2 tomos, Caracas 2008.

[118] Véase lo expuesto sobre los grandes períodos históricos de Venezuela: transición y crisis, en Allan R. Brewer-Carías, *Usurpación Constituyente 1999, 2017. La historia se repite: una vez como farsa y la otra como tragedia,* Colección Estudios Jurídicos, No. 121, Editorial Jurídica Venezolana International, 2018, pp. 19 ss.

presente (24 años), durante el cual se produjo la destrucción institucional del Estado y del país, sin que se hubiera establecido ningún sistema alternativo, y que ha seguido hasta el presente (2024) (62 años).[119]

No es inútil, para darnos cuenta del momento constituyente actual de 2024, repasar lo ocurrido en esos períodos históricos del país, que en general han tenido una duración de alrededor de medio siglo, es decir, casi dos generaciones; y entre uno y otro ciclo, situación que invariablemente ha conducido siempre a un proceso de transición de crisis política severa, como momento constituyente, el cual generalmente ha tenido a su vez una duración de casi una generación.

El patrón se inició con el antecedente mencionado de la crisis del régimen colonial que precedió al nacimiento de la República, y que se había consolidado institucionalmente a partir de la creación de la Capitanía General de Venezuela en 1777. La crisis de ese régimen colonial comenzó efectivamente casi 20 años después, en 1795 con la conspiración de San Blas de Madrid de 1795, que inspiró dos años después, en 1797, la conspiración de Gual y España en La Guaira, concluyendo el período de crisis en 1821, luego del fin de las guerras de independencia de Venezuela con la batalla de Carabobo, con la adopción de la Constitución de la República de Colombia de ese mismo año.

---

[119] Sobre la identificación de estos cuatro ciclos políticos véase lo que expusimos "Venezuela Historia y crisis política" en *Derecho y Sociedad. Revista de Estudiantes de Derecho de la Universidad Monteávila*, N° 3, Caracas, Abril 2002, pp. 217-244; en Informe sobre la descentralización en Venezuela 1993, Memoria del Dr. Allan R. Brewer-Carías, Ministro de Estado para la Descentralización (junio 1993 – febrero 1994), Caracas 1994, pp. 17 ss.; y luego en nuestras obras: Instituciones Políticas y Constitucionales, Tomo I, *Evolución histórica del Estado*, Caracas 1996; *Instituciones del Estado Democrático de Derecho. Constitución 1961*, Colección Tratado de Derecho Constitucional, Tomo IV, Fundación de Derecho Público, Editorial Jurídica Venezolana, Caracas, 2015.

Con esta Constitución, y con Simón Bolívar a la cabeza, se logró una cierta estabilidad del régimen del Estado independiente (aun cuando integrado con la Nueva Granada) que se había constituido después de la declaración de independencia en 1811. El tiempo de crisis y transición de un período a otro, en este caso duró 26 años (1795-1821), y fueron necesarias una guerra de por medio, las de independencia, incluso de carácter social, para que la transición pudiera ocurrir.

El primer período republicano del *Estado independiente semi federal* establecido a partir de 1811, y restablecido en 1830, duró hasta 1863 cuando fue sustituido por el ciclo del *Estado federal.* La crisis política del mismo puede decirse que se inició en 1848 en el llamado día del fusilamiento del Congreso, y que luego de las guerras federales de 1859 a 1863, concluyó en 1874 con el logro de cierta estabilidad del período subsiguiente, el del Estado federal, con Antonio Guzmán Blanco a la cabeza.

El tiempo de crisis y transición de un período a otro igualmente fue de 26 años (1848-1874), y también fueron necesarias unas guerras de por medio entre los dos bandos políticos e, incluso, también de carácter social, las guerras federales, para que la transición pudiera ocurrir.

El período del *Estado federal* establecido a partir de 1863 duró hasta 1901 cuando fue sustituido por el del *Estado centralizado y autocrático.* Esa crisis de este puede decirse que se inició con el vacío de poder que creó el propio Guzmán Blanco cuando abandonó el país en 1888, y que luego de la Revolución Liberal Restauradora de 1899, concluyó en 1914 con el logro de cierta estabilidad del régimen del Estado centralizado y autocrático subsiguiente, con Juan Vicente Gómez a la cabeza. El tiempo de crisis y transición de un período a otro también duró 26 años (1888-1914), y fueron también necesarias unas guerras revolucionarias entre caudillos de por medio, para que la transición pudiera ocurrir.

En cuanto al período del *Estado autocrático centralizado* establecido a partir de 1901, duró hasta 1961 cuando fue sustituido por el del Estado democrático centralizado. La crisis del mismo, también se inició con el vacío de poder que se produjo con el fallecimiento de Juan Vicente Gómez en 1935, y que luego de la Revolución de Octubre de 1945 y de la dictadura militar de Marcos Pérez Jiménez, concluyó en 1961, con el logro de cierta estabilidad del régimen democrático, con Rómulo Betancourt a la cabeza. En este caso, el período de crisis y transición de un período a otro también duró 26 años (1935-1961), y fueron necesarios varios golpes militares y a una dictadura militar de por medio para que la transición pudiera ocurrir.

Ese régimen del *Estado democrático centralizado* establecido a partir de 1958, y consolidado por la decisión de los partidos políticos a partir del *Pacto de Puntofijo* y la Constitución de 1961 al comprometerse a fortalecer y defender la democracia que se consolidó y desarrolló hasta 1999,[120] fue el cuarto ciclo político republicano, que también entró en crisis política severa, igualmente de carácter terminal tal y como las que se han producido en los ciclos históricos anteriores; crisis que aún se siente en el país, no como historia contada sino como historia vivida.

El detonante de esta crisis, de la cual todos somos testigos, del Estado centralizado democrático de partidos se puede fijar, no en el Caracazo de 1989 como muchos piensan, ni en los intentos de golpes de Estado militares de 1992 liderados por Hugo Chávez, sino en realidad en el año siguiente, en 1993, cuando los conductores de los partidos políticos que fueron los responsables de la instauración del régimen democrático, decidieron suicidarse y "suicidarlos;" uno de los partidos

---

[120] Véase; Allan R. Brewer-Carías y Gabriel Ruan Santos (Coordinadores), *El Pacto de Puntofijo: Orígenes, actores, significado, implementación y efectos*, Academia de Ciencias Políticas y Sociales, Serie Estudios 146, Editorial Jurídica Venezolana Internǎtional, 2024.

destituyendo y enjuiciando a su propio líder (Carlos Andrés Pérez), y en el otro caso, el principal líder (Rafael Caldera) barriendo con su propio partido; y a partir de allí, los líderes y sus partidos, al no haberse reinventado ni proceder a aliarse y a pactar para defender y reestructurar la democracia, no quisieron entender las amenazas reales que ya se habían formulado para su destrucción.

Con esa actitud generaron igualmente un vacío total de poder que permitió que el primer aprendiz de brujo que pasara por la plaza del pueblo pudiera asaltar el poder, como lo hizo Hugo Chávez junto con los mismos militares que habían fracasado unos años antes en su intentona de asalto al poder por la fuerza militar.[121]

---

[121] Véase Allan R. Brewer-Carías, Palabras de clausura del II Diálogo Presidencial sobre "¿Hacia la reinvención de los partidos políticos?" y presentación de los libros publicados por IDEA: *El referendo revocatorio presidencial en Venezuela y el abuso de poder y La crisis de la democracia en Venezuela, la OEA y la Carta Democrática Interamericana: Documentos de Luis Almagro*, Iniciativa Democrática España y las Américas IDEA, Cátedra Mezerhane sobre democracia, Estado de Derecho y Derechos Humanos, Miami Dade College, Miami 25 de octubre de 2017, en: http://allanbrewercarias.net/site/wp-content/uploads/2017/10/ 1202.-conf.-Brewer-Palabras-de-clausura-IDEA-Miami-1.pdf y en: https://www.youtube.com/ watch?-v=5z6AYKw1gsk.

VI

LA CRISIS TERMINAL DEL SISTEMA POLÍTICO AUTORITARIO COMO CONSECUENCIA DE LA DESTRUCCIÓN DEL PAÍS QUE HA ORIGINADO EL MOMENTO CONSTITUYENTE ACTUAL

Esa crisis política de la cual insisto, todos hoy somos testigos, desarrollada desde 1993 y agravada en 1999, ha seguido hasta el presente (2024), agravándose, en este caso, con la guerra institucional, económica y social que quienes asaltaron el poder con la Asamblea Constituyente de 1999,[122] declararon contra el país, contra toda la población, y contra todas las instituciones públicas y privadas, para asegurar su sumisión, y con el único propósito, además de destruir la democracia, de perpetuarse en el poder.[123]

---

[122] Sobre las Asamblea Constituyente de Chávez, María Corina Machado expresó, con razón, que "no fue más que un subterfugio para desmontar el orden constitucional, aprovechando la transitoriedad de ese período para echar mano de todos los órganos del poder público. Saqueó las finanzas del Estado, expropió a múltiples actores privados y puso a Venezuela en la órbita de las autocracias más poderosas del planeta," en María Corina Machado, "La hora de Venezuela," en *ABC*, Madrid, 7 de julio de 2024, p. 3

[123] Véase por ejemplo lo dicho por un ex funcionario de ese régimen: Rafael Ramírez, "El error fundamental," en *aporrea.org*. 21 de enero de 2018, en https://www. aporrea.org/actualidad/a258154.htmla.

Como lo resumió María Corina Machado en Ciudad Bolívar el 5 de junio de 2024:

"Este es un régimen brutal, que le ha hecho daño de manera intencional a nuestro país y a nuestra familia, que ha buscado dividirnos, no solamente entre la sociedad, sino dividir a la familia. Que ha buscado arruinar la nación, desde las empresas básicas hasta nuestros campos, los comercios, las escuelas, los hospitales, todo. Han buscado destruirlo todo.

Han querido someternos a la humillación de quien baja la cabeza para poder subsistir o, peor aún, bajar la cabeza para poder alimentar a nuestros hijos."[124]

La crisis, por tanto, es ya más que terminal, reflejada en lo afirmado por María Corina Machado en El Vigía el 26 de junio de 2024, al expresar: "

"Todos sabemos lo que ha pasado en Venezuela: Nosotros ya derrotamos al régimen de Maduro.

Faltan solo 32 días, tenemos el desafío más grande de la historia contemporánea. Todo lo que hemos luchado, lo que hemos aprendido, crecido y toda la fuerza que hemos construido la vamos a desplegar de la manera cívica e inteligente, que amerita un desafío de esta magnitud."[125]

---

[124] Véase la reseña periodística "Este ciclo de odio, de miseria, de violencia y de división se acabó": El rugido de miles de guayaneses y de toda Venezuela con María Corina, en *MorfemaPress*, 5 de junio de 2024, disponible en: https://morfema.press/destacada/este-ciclo-de-odio-de-miseria-de-violencia-y-de-division-se-acabo-el-rugido-de-miles-de-gua yaneses-y-de-toda-venezuela-con-maria-corina-video-apoteosico/

[125] Véase el reportaje "Ya derrotamos al régimen", la contundente frase María Corina ante miles de personas en El Vigía, en *Morfema Press,* 27 de junio de 2024, disponible en: https://morfema.press/actuali-dad/ya-derrotamos-al-regimen-la-contun dente-frase-maria-corina-ante-miles-de-personas-en-el-vigia-videos/. Antes, a comienzos de mayo de

Por eso la apreciación de Asdrúbal Aguiar a finales de junio de 2024, que "Maduro ya fue derrotado,"[126] y de Edward Rodríguez, a comienzos de julio de 2024, de que "Maduro está derrotado,"[127] todo lo cual no es sino reflejo de que, en 2024, efectivamente, en la historia del país estamos de nuevo en un momento constituyente, lo que le impone al liderazgo democrático de la oposición al régimen, diseñar la alternativa frente a la deformación que se ha producido del ciclo histórico del Estado democrático centralizado de partidos, luego de su destrucción.

Ello, particularmente, por el hecho de que durante los pasados 25 años, la Constitución de 1999 no se ha aplicado, y precisamente por ello es por lo que ha ocurrido la total destrucción del Estado y de la sociedad, y de sus instituciones político-

---

2024, María Corina Machado ya lo había expresado en el sentido de que lo que las fuerzas democráticas iban a encontrar era algo "nunca visto," que exige una "tarea gigantesca," derivado de la "crisis total" existente en el país, con "un Estado de baja capacidad," que habrá de implicar una "transición compleja" desde para asegurar el "ejercicio de la soberanía en todo el territorio del país" hasta asegurar la gobernabilidad." Véase lo que expresó en el Programa "Tres Respuestas con Iván Duque", 8 de mayo de 2024, *Podcast,* disponible en Youtube: https://www. youtube. com/watch?v=_4af1cKgLE4:

[126] Asdrúbal Aguiar A.: expresó que "durante casi 25 años, un despotismo de mayorías inexistentes, sufragado por la expoliación y el robo de la riqueza petrolera. Pero todo ha llegado a su final, y como en un sino de la historia los venezolanos otra vez iniciaremos con retardo nuestro siglo XXI. El XX comenzó en 1935, el XIX en 1830. Esas tenemos," en Asdrúbal Aguiar A.: "Maduro ya fue derrotado," en *Diario Las Américas,* 21 de junio de 2024, disponible en: https:// www.diariolasamericas.com/opinion/maduro-ya-fue-derrotado-n5358655

[127] Edward Rodríguez expresó que: "El cambio es indetenible en Venezuela, un mal ciclo de 25 años marcado por la pobreza y la miseria pronto se va a cerrar; en las familias venezolanas permanece la incertidumbre de si Maduro y su gente aceptan o no los resultados, eso lo sabremos el 28 de julio, pero de momento lo que queda es organización, votar y defender el voto. Maduro está derrotado," Véase en Edwin Rodríguez, Maduro está derrotado" en *Diario Las Américas*, 10 de junio de 2024, disponible en: https://www.diariolasamericas.com/opinion/maduro-esta-derrotado-n5359670

constitucionales. De allí la necesidad del liderazgo democrático de identificar el proceso constituyente y asumirlo, porque de no hacerlo, va a ocurrir algo similar a lo que pasó en 1998, y se va a producir por otros, pero para asegurar la continuidad del régimen autoritario.

En 1998, hay que volver a recordarlo, a pesar de que el país estaba en otro momento constituyente, al no entender el liderazgo democrático qué era lo que estaba pasando, ante la incomprensión del mismo, Hugo Chávez ciertamente se aprovechó y convocó al margen de la Constitución de 1961, una Asamblea Constituyente que sancionó una nueva Constitución, la de 1999, pero sin que ello, en realidad, hubiese significado el inicio de un nuevo ciclo político constitucional, ni que se hubiera diseñado un nuevo Estado.

La realidad ha sido que, a partir de 1999, los gobiernos de Hugo Chávez y Nicolás Maduro redujeron su política a desmantelar y destruir la democracia como sistema político,[128] sin establecer nada sustitutivo – a pesar de los intentos fallidos de establecer un Estado Comunal -. Por ello, lo que se ha producido en realidad durante los veinticinco años que han transcurrido desde 1999 hasta el presente, ha sido la agravación de todos los vicios que afectaban al Estado democrático centralizado de partidos iniciado en 1961.

Por tanto, la Constitución de 1999, a pesar de las expectativas que se crearon de haber podido contribuir al inicio de un nuevo ciclo histórico,[129] que era lo que procedía, en realidad no fue otra cosa, institucionalmente hablando sino, con algunas

---

[128] Véase sobre el proceso de desmantelamiento del sistema de Estado democrático centralizado iniciado en 1999, los trabajos publicados en el libro: Diego Bautista Urbaneja (Coordinador), *Desarmando el modelo. La transformación del sistema político venezolano desde 1999*, Instituto de Estudios parlamentarios Fermín Toro, Ediciones, Konrad Adenauer Stiftung, Caracas 2017.

[129] Véase Allan R. Brewer-Carías, *Historia Constitucional de Venezuela*, Editorial Alfa, Caracas 2008, Tomo II, pp. 149 ss.

deformaciones, un derivado de la Constitución de 1961 la cual a su vez se había inspirado en la de 1947. La misma no cambió radicalmente el modelo de Estado y del régimen político precedente, y más bien declaró reiteradamente que se constituía un "Estado democrático y social de derecho y de justicia descentralizado," razón por la cual, precisamente, analizadas las ejecutorias del régimen autoritario durante los últimos veinticinco años, se concluye que la misma nunca llegó a tener aplicación efectiva en el país.

Es quizás por ello que Ricardo Combellas afirme que la "Constitución de 1999 sea el único legado valioso que sobreviva de la amarga tarea de destrucción de estos veinticinco años de dictadura,"[130] porque en realidad solo ha sido una promesa incumplida,[131] o una gran mentira en lo que se refiere a su ejecución.[132]

La Constitución de 1999, en efecto, se comenzó a violar desde antes de que fuera publicada en diciembre de 1999,[133] al querer el gobierno implementar un régimen político autoritario, autocrático y antidemocrático, pero con el marco constitucional democrático liberal en ella regulado, que no le servía. Por eso

---

[130] Véase Ricardo Combellas, "María Corina y Edmundo ante una asamblea constituyente," *Emisora Costa del Sol*, 27-5-2014; disponible en: https://www.costadelsolfm.org/2024/05/27/ricardo-combellas-maria-corina-y-edmundo-ante-una-asamblea-constituyente/

[131] Véase Allan R. Brewer-Carías, "La Constitución como promesa incumplida: el caso de Venezuela," en el libro de *Estudios de la Real Academia de Jurisprudencia y Legislación*, Madrid, 23 de mayo 2016.

[132] Véase Allan R. Brewer-Carías, *La mentira como política de Estado. Crónica de una crisis política permanente. Venezuela 1999-2015* (Prólogo de Manuel Rachadell), Colección Estudios Políticos, No. 10, Editorial Jurídica Venezolana, Caracas 2015

[133] Véase Allan R. Brewer-Carías, *Golpe de Estado y proceso constituyente en Venezuela*, Universidad Nacional Autónoma de México, México 2002, 405 pp.; y *Asamblea Constituyente y Proceso Constituyente 1999*, Colección Tratado de Derecho Constitucional, Tomo VI Fundación de Derecho Público, Editorial Jurídica Venezolana, Caracas, 2013, 1198 pp.

fue puesta de lado rápidamente, sin ser sustituida, desmantelándose progresivamente todas sus instituciones.[134]

El gobierno de Chávez, después de tantas violaciones en los primeros años de la vigencia de la Constitución de 1999, y de haber ignorado sus previsiones, sin embargo, como no pudo reformarla efectivamente en 2007, para transformar definitivamente al Estado democrático que la misma había regulado en un Estado Centralista, Militarista y Policial denominado "del Poder Popular" o "Estado Comunal," como lo propuso el Presidente Hugo Chávez,[135] pues la propuesta de reforma fue rechazada en referendo por el pueblo; entonces, simplemente la siguió violando sin límites. Y ello lo logró como consecuencia de la concentración y centralización total del poder que el Presidente amasó, luego de neutralizar al Tribunal Supremo y ponerlo a su servicio,[136] hacer desaparecer de hecho, las entidades

---

[134] Véase Allan R. Brewer-Carías, *Dismantling Democracy. The Chávez Authoritarian Experiment*, Cambridge University Press, New York 2010, 418 pp.

[135] Véase Allan R. Brewer-Carías, *La reforma constitucional de 2007 (Comentarios al proyecto inconstitucionalmente sancionado por la Asamblea Nacional el 2 de noviembre de 2007)*, Colección Textos Legislativos, N° 43, Editorial Jurídica Venezolana, Caracas 2007, 224 pp.; *Hacia la consolidación de un Estado socialista, centralizado, policial y militarista. Comentarios sobre el sentido y alcance de las propuestas de reforma constitucional 2007*, Colección Textos Legislativos, N° 42, Editorial Jurídica Venezolana, Caracas 2007, 157 pp.

[136] Véase Allan R. Brewer-Carías, *Crónica Sobre La "In" Justicia Constitucional. La Sala Constitucional y el autoritarismo en Venezuela*, Colección Instituto de Derecho Público, Universidad Central de Venezuela, N° 2, Caracas 2007, 702 pp.; "El juez constitucional al servicio del autoritarismo y la ilegítima mutación de la Constitución: el caso de la Sala Constitucional del Tribunal Supremo de Justicia de Venezuela (1999-2009)", en *Revista de Administración Pública*, N° 180, Madrid 2009, pp. 383-418;

político-territoriales,[137] y asegurar el control del árbitro electoral,[138] y de todos los poderes públicos.[139]

Lo anterior, como se dijo, condujo a la situación de 2017, en que el país, al carecer simplemente de Constitución, sustituyó temporalmente el Estado constitucional por un gobierno asambleario y tumultuario conducido por una Asamblea Nacional Constituyente, que fue instalada inconstitucional y fraudulentamente, y que fue colocada por encima de la Constitución,[140] a la cual todos los poderes se le sometieron.

Dicha Asamblea, sin embargo, no transformó el Estado, a pesar del amago de que crearía el Estado Comunal, ni creó ningún nuevo ordenamiento jurídico, y lo único "innovador" que hizo, además de usurpar las funciones de la Asamblea Nacional que había sido electa en 2015 para contribuir a su sofoca-

---

[137] Véase Allan R. Brewer-Carías, *Federalismo y Municipalismo en la Constitución de 1999 (Alcance de una reforma insuficiente y regresiva)*, Cuadernos de la Cátedra Allan R. Brewer-Carías de Derecho Público, N° 7, Universidad Católica del Táchira, Editorial Jurídica Venezolana, Caracas-San Cristóbal 2001, 187 pp.

[138] Véase Allan R. Brewer-Carías, *La Sala Constitucional versus El Estado Democrático de Derecho. El secuestro del poder electoral y de la Sala Electoral del Tribunal Supremo y la confiscación del derecho a la participación política*, Los Libros de El Nacional, Colección Ares, Caracas 2004, 172 pp.

[139] Hasta Juan Barreto, antiguo dirigente al servicio de Chávez le reclamaba esto a Maduro el 7 de julio de 2014, indicándole: "Revise y vea lo q pasa con la división de poderes y con el secuestro de las institución 'x' parte del partido de gobierno. Revise el peculado de uso q todos los días y de manera descarada ocurre en los medios del estado y en todas las instituciones. ¿Caramba, q país te están mostrando? ¿Lo vas a justificar todo este desastre desde el relato de la geopolítica?" Véase Juan Barreto, en https://x.com/juanbarretoc/status/1810091776344039894

[140] Véase Allan R. Brewer-Carías y Carlos García Soto (compiladores), *Estudios sobre la Asamblea Nacional Constituyente y su inconstitucional convocatoria en 2017*, Colección Estudios Jurídicos N° 119, Editorial Jurídica Venezolana, Caracas 2017, 778 pp. y Editorial Temis, Editorial Jurídica Venezolana, Bogotá 2017, 776 pp.

miento,[141] fue dictar, al cesar sus funciones en 2020, una Ley llamada "antibloqueo" para decretar la ruptura definitiva del orden jurídico, al autorizar al Poder Ejecutivo a "desaplicar" las leyes cuando quiera y en secreto.[142]

Lo cierto, de todo lo anterior, es que, en los últimos cinco años, desde que dicha Constituyente cesó, todo en el país ha sido destruido, y por eso el deseo incontenible de cambio que está mostrando la población en el país, en todas partes, despertado por el extraordinario liderazgo de María Corina Machado que ha marcado el actual momento constituyente.

En esta situación, el país entero, que sufre la crisis terminal que origina el momento constituyente, lo que tiene planteado son dos opciones: por una parte, la del gobierno, que lo único que pretende hacia el futuro es perpetuarse en el poder y evitar a toda costa que nadie de la oposición pueda volver a gobernar en el país, eliminando todo vestigio de democracia, pluralismo y alternabilidad; y por la otra, la de la gran mayoría del país, que lo que quiere es que la crisis desemboque en un proceso de reconstrucción y transición hacia la democracia.

En otros términos, lo que identifica el momento constituyente en 2024, es la disyuntiva que existe en el país entre "Transición o permanencia."[143] Y ambas requieren de un proceso constituyente: para la opción de la transición hacia la democracia hay que reconstruir el Estado y la democracias que

---

[141]   Véase Allan R, Brewer-Carías, *Crónica constitucional del sofocamiento del Poder Legislativo 2016-2020*, 2024.

[142]   Véase Allan R. Brewer-Carías, "El último golpe al Estado de derecho: una "Ley Constitucional" "Antibloqueo" para rematar y repartir los despojos de la economía estatizada, en un marco de secretismo y de inseguridad jurídica," en *Revista de Derecho Público*, N° 169-170, enero-junio 2022, Editorial Jurídica Venezolana. Caracas 2022, pp. 235-252

[143]   Como lo planteó el Editorial de *Analísita.co*m: 29 de mayo de 2024; disponible en: https://www.analitica.com/el-editorial/transicion-o-permanencia/

han sido demolidas, y establecer efectivamente la vigencia de la Constitución de 1999; y para la permanencia, que es permanencia en el poder, el régimen ya no querrá más volver a medirse en elecciones directas, universales, secretas, libres, justas, transparentes, y tendrá que acabar definitivamente con cualquier forma de democracia, comenzando con la democracia representativa, basada en el sufrago universal, directo y secreto. Ambas alternativas implican un proceso constituyente,[144] y para ambas alternativas sin duda será indispensable contar con el compromiso de la Fuerza Armada.

Por ello es que planteo que en la actualidad, en 2024, Venezuela está de nuevo en un momento constituyente que el liderazgo de la oposición tiene que entender y asumir, estando el mismo condicionado, como ha ocurrido en los ciclos históricos anteriores, por los mismos factores fundamentales del poder que hoy también están presentes: (i) la lucha entre la civilidad y el militarismo; (ii) la lucha entre las fuerzas centrífugas y las fuerzas centrípetas del territorio en el dominio del poder; y (iii) la lucha entre la democracia y la autocracia; lo que en definitiva, como lo dijo Faustino Domingo Sarmiento, es la lucha de siempre en nuestros países, entre la civilización y la barbarie.[145]

Por ello, hoy, en la fase final de la crisis política del ciclo histórico del Estado democrático centralizado, puede decirse que estamos precisamente en un momento constituyente que igualmente gira en el vértice de esos tres factores del poder, por

---

[144] De nuevo, como en tantas otras ocasiones, discrepo de Ricardo Combellas, quien no llega a captar el momento constituyente por el cual está pasando en país en 2024. Véase Ricardo Combellas, "María Corina y Edmundo ante una asamblea constituyente," *Emisora Costa del Sol,* 27-5-2014; disponible en: https://www.costa delsolfm.org/2024/05/27/ricardo-combellas-maria-corina-y-edmundo-ante-una-asamblea-constituyente/

[145] Véase Domingo Faustino Sarmiento, *Civilización o Barbarie. Vida de Juan Facundo Quiroga (1845).* Véase, además, Asdrúbal Aguiar, Civilización y Barbarie, Editorial Jurídica Venezolana International, Miami 2018.

una parte, con un gobierno militarista, centralista y autocrático, que maneja un Estado fallido y que lo único que ofrece y pretende es perpetuarse en el poder; y por la otra, con fuerzas opositoras que están apostando por una alternativa civilista, descentralizadora y democrática, que el gobierno anuncia que impedirá que se pueda materializar a toda costa.

Esa es nuestra trágica realidad actual, en la cual todos, absolutamente todos, estamos ahora más pendientes que nunca, particularmente por la agudeza que percibimos tiene la crisis política que padecemos; la cual por lo demás, es la única que han conocido las nuevas generaciones.

Éstas, en realidad, no han sabido qué significa tener una estabilidad institucional, y más bien, de lo que han sido testigos ha sido de un gobierno que solo ha estado guiado por el resentimiento demoledor y por la técnica del desconcierto.

Y todo ello agravado por la guerra económica y social declarada y conducida por el propio gobierno contra la población venezolana, para reducirla a mendigar y a la absoluta pobreza, particularmente cuando como ahora ocurre, una vez que ya ha sido destruido todo el aparato productivo del país por el propio Estado, ya no puede haber divisas para importar lo necesario para la sobrevivencia, pues las pocas que pueda generar la menguada exportación petrolera, no alcanzan para nada.[146]

---

[146] Como lo constataba Humberto García Larralde: "La devastación y la ruina de las bases de sustento de los venezolanos no ha sido ninguna casualidad. El socialismo chavo-madurista, lejos de la visión productivista que pregonó Carlos Marx, ha hecho de la expoliación de la economía su leitmotiv. Ahora, como candidato a la reelección, Maduro ofrece solucionar los graves problemas que él mismo acentuó. Empeña su palabra (¡!) a potenciales inversionistas en el sector petrolero. Pero su discurso emite un tañido hueco, a pesar de controlar todos los medios formales. Las penurias y miserias de los venezolanos terminaron con la ruptura de la burbuja ideológica del "socialismo del siglo XXI" para todos menos el grupito de fanáticos que siguen engatusados en la prédica "revolucionaria" del fascismo chavo-madurista. Su misión

Lo anterior le impone a la oposición democrática, de cara a las elecciones de julio de 2024, si llegasen a realizarse, como antes señalamos, a asumir efectivamente con el triunfo del liderazgo de María Corina Machado y del candidato de la oposición, Edmundo González Urrutia, a partir de la realización de las mismas, el momento constituyente en el cual estamos actualmente, y en el período de transición que se abre entre agosto de 2024 y enero de 2025, cuando se inicia el período constitucional presidencial, proceder a convocar al pueblo mediante una consulta popular para materializar proceso constituyente a los efectos de con unas modificaciones puntuales de la Constitución, provocar la renovación total del resto de los poderes públicos y forzar popularmente a la convocatoria inmediata al menos de elecciones para los miembros de un nuevo Poder Legislativo bicameral, para lo cual sin duda tendrá el respaldo de la mayoría abrumadora del país que se rebelará mediante el sufragio en dichas elecciones; cuya voluntad tendrá que ser respetada por el componente militar.

La tarea que le corresponde asumir al nuevo gobierno, cuya implementación debe comenzar a diseñarse desde el mismo inicio del proceso de transición que va desde el 29 de julio de 2024 hasta el 10 de enero de 2025 que es el momento en el cual el nuevo gobierno debe asumir, es absolutamente compleja y ciclópea, pues enfrenta la destrucción ejecutada durante veinticinco años, producto de la guerra que desde el Estado se ha

---

(única) es conservar el poder, no mejorar el bienestar de los venezolanos. La corrupción es consustancial a ello, porque pervierte los valores, la ética en la conducción de los asuntos de Estado, la moralidad pública, la consideración por los derechos humanos. ¿Cómo restaurar libertades, sus garantías, el Estado de derecho, de bienestar social, una prosperidad creciente, en una situación de anomia como la que impera en el régimen chavo-madurista?" Véase Humberto García Larralde, "La corrupción intrínseca al socialismo chavo-madurista. Inexorable el cambio," en *El Nacional,* 9 de julio de 2024, disponible en: https://www.elnacional.com/opinion/la-corrupcion-intrinseca-al-socialismo-chavo-madurista-inexorable-el-cambio

declarado y ejecutado contra sus propias instituciones y contra todo el país, su publicación, su territorio y las instituciones privadas.

En efecto, esta guerra, que ha provocado el momento constituyente de 2024, ha sido la conducida por el Estado en Venezuela, conducido por un sistema político de populismo destructivo y autoritario, es la que plantea la necesidad de reconstituirlo y reconstruirlo como conjunto institucional de gobierno de la sociedad para asegurar su bienestar en un marco democrático mediante el respeto de la ley, de la libertad y del libre desarrollo de la personalidad de cada uno.

Como lo hemos indicado en otro lugar,[147] se ha tratado de una guerra asimétrica, entre un Estado capturado por una banda criminal, contra el país todo, es decir, contra la sociedad, sus instituciones, la economía y las personas, de lo cual ha quedado una devastación similar a la que resulta de una guerra convencional entre ejércitos confrontados. En particular, dicha guerra se ha manifestado en 1. Una guerra contra el Estado mismo; 2. Una guerra contra sus propias bases institucionales; 3. Una guerra contra su propia forma de descentralización política; 4. Una guerra contra la economía pública y los servicios públicos; 5. Una guerra contra el país y sus habitantes; y 6. Una guerra contra la democracia y el ciudadano.

---

[147] Véase Allan R. Brewer-Carías, "El caso de Venezuela: un Estado depredador en guerra contra el país, sus instituciones, sus habitantes y sus ciudadanos," Documento escrito como base para la exposición en el Panel sobre "More rule of Law, Beter States? Inter-American Perspective," en el *World Law Congress*, New York, 2023, World Jurist Association, 19 Julio 2023. Publicado en *Boletín de la Academia de Ciencias Políticas y Sociales*, No. 273, julio-Septiembre 2023, Caracas 2023, pp. 771-807. El texto de ese estudio, para tener mejor comprensión, es el que se transcribe a continuación.

1. ***La guerra del Estado en Venezuela, contra el propio Estado, ha sido contra los propios componentes más elementales que lo conforman y que son, en cualquier parte y momento de la historia: un territorio, una población y unas instituciones de gobierno, sobre los cuales ejerce su soberanía***

Primero, la guerra del Estado contra el territorio nacional se ha realizado: consintiendo y promoviendo la ocupación ilegítima del territorio nacional por grupos nacionales y extranjeras irregulares, armados, organizaciones criminales y de narcotráfico; con el consecuente abandono de la presencia del Estado en esas extensas zonas en las áreas fronterizas y en las de la Amazonía y la Orinoquia; con el otorgamiento a China de la realización de la mayor investigación y levantamiento sobre las riquezas del subsuelo en la Orinoquia y la Amazonia, sin participación alguna de la autoridad nacional; realizando y promoviendo como agente activo la explotación irracional de los recursos naturales en el territorio, particularmente en el Arco Minero del Orinoco y la Amazonía, originando un ecocidio promovido por el propio Estado y desarrollado y conducido por empresas públicas, incluso las empresas militares. La realidad es que en 20 años se han perdido centenares de miles de hectáreas de bosques en la Amazonía; con la sustitución de la autoridad civil del Estado en el control de la ocupación del territorio para fines de explotación de recursos naturales, otorgándose el manejo total de ello a autoridades y empresas militares que a la vez son las encargadas de controlar esas explotaciones, generando u ilegal conflicto de intereses.

La guerra contra el territorio, además se ha manifestado con el abandono de la reclamación más que centenaria que el país tiene sobre el Territorio Esequibo, que muestra un Estado ausente y dubitativo de si incluso debe comparecer en el juicio que se ha entablado contra el mismo por Guyana, ante la Corte Internacional de Justicia.

Segundo, la guerra del Estado contra la población, que la ha sumido una situación de miseria nunca antes vista, estando Venezuela en el grado más alto de miseria en el ranking mundial, solo superado por Cuba.

Esta guerra contra la población ha sido también una guerra contra la ciudad y contra el derecho del hombre a la ciudad, convirtiendo a las ciudades en sitios inseguros, mal ordenados desde el punto de vista urbanístico, siendo el propio Estado el gran depredador urbano, lo que por ejemplo ha llevado a que Caracas, de ser considerada otrora como la "sucursal del cielo," a ser considerada en 2023 como la ciudad latinoamericana menos recomendada para vivir.\El Estado ha llevado una guerra contra la población llevándola a una pobreza extrema, ha demolido el alma nacional, ha destruido el tejido y la cohesión social, ha dividiendo a la población entre enemigos, y ha acabado con los valores esenciales de esperanza, dignidad, bondad, tolerancia, respeto, moralidad, honestidad, compasión.

La guerra contra la población ha acabado con la seguridad social, encontrándose los enfermos, los niños y los ancianos totalmente desasistidos y en la miseria, habiendo sido barridos los salarios y las pensiones; ha acabado con los servicios de salud, que están en la indigencia, sin poder prestar asistencia a la población; ha sido contra los servicios públicos de educación, que han resultado con altísimos niveles de incompetencia en los maestros y de deserción escolar, quitándole a toda la población joven del derecho a la educación.

El resultado ha sido un sistema educativo público sin recursos, sin profesores preparados y sin alumnos; y ha sido, además, particularmente incisiva contra la población más vulnerable, y entre ellas, los pueblos indígenas, habiendo provocado un etnocidio en la Orinoquia y la Amazonía de niveles catastróficos.

Esa guerra contra la población ha hecho que el Estado mismo haya originado que en Venezuela, en los últimos dos lustros, se haya producido el mayor éxodo de población ocurrido en toda la historia de Occidente, habiendo vaciado al país de parte esencial de su población, forzada a vivir o sobrevivir en el extranjero.

La guerra del Estado contra la población ha incidido, además, en particular, en la parte de la misma formada por los ciudadanos, es decir, aquellos que tienen derechos políticos, y que son los titulares últimos de la soberanía; afectándolos, entre otras acciones mediante inconstitucionales inhabilitaciones políticas decretadas administrativamente, o mediante la revocatoria de mandatos populares sin referendo revocatorio que es la única forma de revocarlos.

La guerra contra los ciudadanos se ha manifestado en una guerra fratricida contra la disidencia política, habiendo dado origen a detenciones arbitrarias, desapariciones forzosas, torturas, todo lo cual no solo ha sido denunciado como delitos de lesa humanidad cometidos por el gobierno, por parte de los cuerpos especializados de protección de Derechos Humanos de las Naciones Unidas, sino que ha dado origen a que la Corte Penal Internacional esté llevando a cabo una investigación por esos delitos contra el Estado y los altos mandos del régimen.

El Estado, en su guerra contra la población, ha vulnerado la ciudadanía, habiendo regalado la misma en forma incontrolada, primero, con fines electorales, en 2004, regularizando y nacionalizando indiscriminadamente millones de personas que estaban en situación ilegal en el país, con fines electorales, con el objeto de aumentar violentamente el padrón electoral y que los votos en el referendo revocatorio pudieran aumentar a favor de no revocar; y segundo, otorgando la ciudadanía, es decir, identificación venezolana (cédula y pasaporte) a personas sin vínculo alguno en el país, por motivos igualmente políticos, pero vinculados a organizaciones criminales o terroristas o con otros fines ilegítimos; incluso nacionalizando y otorgando ilegítimamente condición diplomática a agentes extranjeros buscando protegerlos contra persecuciones legítimas por parte de otros Estados.

Y esa guerra contra la ciudadanía ha llevado incluso al propio Estado a ceder la data de todos los ciudadanos a Cuba, al haberle cedido la conducción de los Servicios de Identificación y Extranjería con Cuba.

Tercero, la guerra del Estado contra el Estado mismo ha afectado la posición del Estado en el mundo internacional, habiendo degradado el standing internacional que siempre tuvo el país ante la Comunidad mundial, que siempre vio a Venezuela solidaria con las mejores causas de la humanidad.

Hoy, en cambio, después de veinte años de guerra contra sí mismo, el Estado venezolano abandonó la Comunidad Andina de Naciones, que es el esfuerzo de integración más importante del Continente, abandonó su membresía en la Organización de Estados Americanos, denunció la Convención Americana de Derechos Humanos y se escapó de la jurisdicción de la Corte Interamericana de Derechos Humanos; y ha quedado relegado en el contexto de las Naciones Unidas, dándole la espalda a Occidente, formando alianzas con China, Rusia, Irán y otros países de los más alejados del mundo occidental.

En esa forma, el Estado mismo ha promovido la pérdida de su soberanía y de su propia integridad territorial, quedando rendido el país a países extranjeros.

Esta guerra del Estado, además, ha afectado gravemente al propio gobierno, al haberse trasladado los hilos del control del poder a Estados extranjeros, como es el caso de Cuba, país al cual se ha sometido la soberanía de Venezuela, todo lo cual se inició mediante un inconstitucional Convenio bilateral firmado entre Chávez y Castro en 2000, sin la aprobación de la Asamblea Nacional, mediante el cual se formalizó la invasión silenciosa de Venezuela por agentes cubanos, y se comprometió buena parte de la riqueza petrolera que se transfiere a Cuba sin compensación, salvo para pagar la invasión del país por agentes cubanos.

2. *La guerra del Estado en Venezuela, contra el propio Estado se ha realizado también, ferozmente contra las propias instituciones que lo componen conforme a la Constitución*

Con la misma se ha logrado demoler do logrado demoler, íntegramente, todo el andamiaje del Estado de derecho que se regula en la Constitución, habiendo sido sido particularmente demoledora respecto de los principios del Estado de derecho, y se ha manifestado específicamente como una guerra contra la Constitución, contra la separación de poderes y contra todos los Poderes del Estado.

Primero, la guerra contra las instituciones comenzó contra la propia Constitución de 1999, y contra su supremacía, violándola abierta y sucesivamente, habiéndola convertido en un texto maleable, que ha perdido toda carácter de texto supremo, que se vulnera y modifica constante e impunemente por los más variados órganos públicos, sin que nadie la controle, y más bien, con el aval del órgano llamado a controlarla que es la Sala Constitucional del Tribunal Supremo de Justicia, convertido en el instrumento y arma más letal de la guerra del Estado contra el Estado de derecho.

La Constitución dejó de ser un valor superior de la sociedad y del país, y el guardián de la misma, que es la Sala Constitucional del Tribunal Supremo, controlada por el Poder Ejecutivo, fue convertido en su principal vulnerador, cambiando y mutando ilegítimamente el sentido de su texto o avalando las violaciones al mismo.

En particular, la Constitución dejó de ser la garante de la separación de poderes, por la guerra desatada por el Estado contra los mismos, lo que ha llevado al apoderamiento total y totalizante de sus instituciones, eliminando la autonomía e independencia que tienen en la Constitución conforme a dicho principio de separación de poderes, que ha sido totalmente demolido.

Ello se ha manifestado en el control total por parte del Poder Ejecutivo, del gobierno y el partido de gobierno, de todos los Poderes Públicos.

Segundo, la guerra contra las instituciones continuó contra el Poder Judicial, siendo ese uno de los primeros objetivos de quienes asaltaron el Poder, desde la Asamblea Constituyente. Desde allí se produjo la intervención total del Poder Judicial y el ejercicio del control férreo sobre el Tribunal Supremo de Justicia; pues es bien sabido que, si un Poder Judicial está controlado por el Ejecutivo o por el Legislativo, por más separados que incluso éstos puedan estar, no existe el principio de la separación de poderes, y en consecuencia, no se puede hablar de Estado de derecho.

Con la guerra contra la judicatura se produjo una destitución masiva de jueces, y su sustitución igualmente masiva con jueces temporales y provisionales sin garantía alguna de estabilidad, lo que condujo a su sumisión total al poder.

Durante la vigencia de la Constitución no se han realizado concursos para ingreso a la carrera judicial, la cual ha desaparecido, siendo los jueces destituibles y destituidos con toda arbitrariedad y, en particular, cuando han decidido asuntos que no plazcan a la burocracia gobernante. Esta situación ha dado origen a una justicia venal, donde muchos de los litigios no se ganan con argumentos y pruebas, sino con pagos ilegítimos, minándose la esencia de la Justicia.

En la guerra contra la Justicia, el primer objetivo fue el apoderamiento y control del Tribunal Supremo de Justicia, cuyos magistrados han sido designados desde 2000 sin que se haya dado cumplimiento a las normas constitucionales relativas a las condiciones para ser magistrado, ni con las que regulan el Comité de Postulaciones Judiciales que debían estar integrados exclusivamente por representantes de los diversos sectores de la sociedad., y no con mayoría integrada por el sector político (diputados). Es decir, al contrario, la guerra contra la autonomía e independencia del Tribunal Supremo ha llevado a que, en las sucesivas reformas de la Ley Orgánica del mismo, el Comité haya sido integrado en su mayoría por diputados, quienes lo controlan violándose la Constitución impunemente.

Y así, también se han nombrado magistrados sin reunir las condiciones constitucionales de elegibilidad, e incluso se han reelectos magistrados para dos períodos sucesivos cuando la Constitución prohíbe expresamente su reelección.

En particular, la Sala Constitucional, controlada por el Poder Ejecutivo, ha sido el instrumento más letal en la destrucción del Estado de derecho, al moldear e interpretar la Constitución a la conveniencia del Ejecutivo y al abstenerse de ejercer el control de constitucionalidad contra los actos inconstitucionales de los órganos del Estado. La Sala Constitucional, ha llegado así a ser un agente para la confiscación impune de propiedades y bienes, para la intervención y confiscación de partidos políticos, para la revocación de mandatos populares, para decretar inhabilitaciones políticas por vía administrativa, y para usurpar incluso la potestad legislativa y delegarla en otros órganos del Estado.

La Sala Constitucional, igualmente, se ha abstenido sistemáticamente de ejercer el control de constitucionalidad de leyes impugnadas cuando las mismas regulan aspectos esenciales de la política estatal (como las de creación del Estado Comunal), aplicando contra los recurrentes, ante su propia inacción, la perención, cercenando su derecho a la tutela judicial efectiva y acceso a la justicia.

Tercero*, la guerra contra las instituciones también se dirigió contra el Poder Legislativo*, como instancia de representación popular, habiendo el mismo funcionado cuando ha estado férreamente controlado por el partido de gobierno, en cuyo caso su carácter representativo se ha desdibujado, desapareciendo el principio constitucional del voto de los diputados de acuerdo con su conciencia.

Esa guerra del Estado contra la representación popular se acrecentó cuando en 2015, el partido de gobierno perdió la mayoría de los votos que tenía en la Asamblea Nacional, pasando ésta a ser controlada por la oposición. La guerra contra la Asamblea Nacional fue entonces de aniquilación total, habiendo la Sala Constitucional, con una sentencia cautelar en un juicio que nunca se decidió, borrado la mayoría calificada que logró la oposición, y a renglón seguido, declarar a la propia Asamblea Nacional, como institución, en "desacato" de la sentencia cautelar, declarando nula todas las actuaciones y decisiones tomadas y que pudiera tomar en el futuro a partir de 2016, y eliminando todos los poderes de la misma para legislar (todas las leyes dictadas fueron anuladas por la Sala Constitucional) y para ejercer el control político y administrativo del Poder Ejecutivo.

Se instauró, así, una dictadura o tiranía judicial, con una Sala Constitucional gobernando en conjunción, pero sometida, al Poder Ejecutivo, que llegó a delegarle inconstitucionalmente la potestad legislativa al Presidente de la República e incluso al Consejo Supremo Electoral, el cual reformó la Ley reguladora de las elecciones.

La guerra condujo a la neutralización y castración total de la Asamblea Nacional, llevando al Poder Ejecutivo a violar una y otra vez la Constitución, llegando incluso a convocar inconstitucionalmente a una Asamblea Nacional Constituyente en 2017 para que "legislara" paralelamente, o más bien, en lugar de la Asamblea Nacional, usurpándole sus funciones.

Cuarto, la guerra contra las instituciones también se dirigió contra Administración Pública, como instrumento de gobierno, habiendo logrado el desmantelamiento total de la misma, habiendo desaparecido, en cuanto al elemento de personal funcionarial, la propia carrera administrativa y la búsqueda de niveles de excelencia en la misma; y en cuanto, al elemento de organización, toda racionalidad en la disposición de la misma.

Así, el Estado, comentó por declararle la guerra a los niveles mejor formados y mejor preparados de la Administración Pública y sus empresas, como, por ejemplo, eran los empleados de Petróleos de Venezuela S.A., cuando en 2002 el gobierno de Chávez forzó el despido de miles de dichos funcionarios, vaciando la industria estatal de los mejores.

Por otro lado, la guerra ha conducido a una inflación burocrática clientelar antes desconocida, habiéndose multiplicado el número de funcionarios y empleados a niveles antes desconocidos, sin criterio alguno de eficiencia, poniendo en evidencia que el empleo público se convirtió en un mecanismo clientelar y de subsidio directo a una masa amorfa de población que de otra manera estaría desempleada, como consecuencia de las políticas destructivas del Estado del aparato productivo del país. La guerra contra el país convirtió así al Estado en un gran empleador, pero sin criterio alguno de eficiencia.

En paralelo a la inflación burocrática se desarrolló un proceso de inflación organizacional, multiplicándose en una forma nunca antes vista el número de Ministerios, de institutos públicos, de fondos públicos, de fundaciones, asociaciones y empresas del Estado, a lo que se agrega las llamadas Misiones, que han originado un desorden administrativo y presupuestario, sin disciplina fiscal alguna, y sin control.

Ello ha dado origen, además, a una corrupción generalizada, en todos los niveles administrativos, convirtiéndose a la Administración Pública en una administración venal donde muchas de las actuaciones de los funcionarios públicos solo pueden ser impulsadas mediante pagos ilegítimos, pues no son tasas legales.

La inflación organizacional ha producido, además, un proceso de desinstitucionalización de la Administración Pública, que la hace incapaz de ejercer sus funciones reguladoras y de control de actividades sujetas a ello.

A todo ello se agrega los efectos de la guerra contra todo lo que pueda tener cierta autonomía en la organización administrativa, es decir, contra la descentralización funcional, con el objeto de centralizar todo, lo que incluso llegó a plasmarse con la eliminación de la palabra "autonomía" en todos sus contextos y significados del texto mismo de la Ley Orgánica de la Administración Pública a partir de la reforma de 2008. La única autonomía institucional que no ha logrado borrar el Estado en guerra con sus propias instituciones ha sido la "autonomía universitaria," de las Universidades oficiales autónomas, por ser de rango constitucional, la cual sin embargo en la práctica ha sido minada por el ahogamiento presupuestario al cual han estado sometidas deliberadamente para buscar a su extinción de hecho.

Otra consecuencia de la guerra contra la Administración Pública ha sido la desaparición de toda forma de control interno en su funcionamiento, lo que ha implicado, por ejemplo, la desaparición de los procesos licitatorios o de selección de contratistas, y su sustitución por contratación directa, convirtiéndose la excepción en la norma, agravado por las previsiones de la Ley Antibloqueo de 2020 que ha formalizado la ilegalidad, la "desaplicación" discrecional de las leyes por el Ejecutivo, y la ausencia de controles.

Quinto, la guerra contra las instituciones también se dirigió contra el Poder Electoral, para eliminar su autonomía e independencia, y hacerlo dependiente del Poder Ejecutivo. Primero, se quiso lograr con el aseguramiento por parte del partido de gobierno del control total de los rectores del Consejo Nacional Electoral, para cuyo nombramiento se requiere una mayoría calificada de la Asamblea Nacional. Como el partido de gobierno no tenía esa mayoría, la táctica de guerra utilizada fue recurrir al instrumento usado por el Ejecutivo, que ha sido la Sala Constitucional del Tribunal Supremo, para hacer los nombramientos, por la supuesta "abstención" del cuerpo legislativo de hacerlo. En esa forma, se han nombrado los miembros o rectores de dicho cuerpo, sin atención al principio del carácter despartidizado que le define la Constitución y sin atender a los principios de composición del Comité de Postulaciones Electorales que establece la Constitución y que requieren de la participación exclusiva de la sociedad civil. El resultado ha sido que el Consejo Nacional Electoral ha estado siempre controlado por el partido de gobierno, que como instrumento del Poder Ejecutivo ha impedido que en el país se hayan podido realizar elecciones libres, limpias, justas y verificables.

***Sexto**, **la guerra contra las instituciones también ha implicado el apoderamiento del Ministerio Público**,* el cual se ha configurado, por una parte, en un instrumento de persecución política dependiente del Poder Ejecutivo, y por la otra, en el instrumento para asegurar la impunidad de delitos cometidos por los agentes del Estado. En consecuencia, se acusa y persigue a la disidencia o a quienes no tienen el favor del gobierno; y se ignora todo crimen cometido por los agentes del gobierno o por quienes gozan de sus favores.

Y si algunas actuaciones recientes se han realizado, como si de repente el Estado se hubiese dado cuenta de la corrupción masiva que ha existido en torno a PDVSA, que es conocida, data de varios lustros, e incluso ha sido perseguida por tribunales de otros países, las mismas no convencen pues los cabecillas del proceso o siguen impunes o están desaparecidos de la vista pública.

Otro de los objetivos de la guerra del Estado contra la separación de poderes en el propio Estado, ha sido la llevada a cabo contra la Contraloría General de la República a los efectos de asegurar que nada controle, y de resguardar la impunidad de los funcionarios. A eso ha quedado reducida la Contraloría, órgano que ha resultado ser el principal cómplice de la corrupción administrativa.

El control del Poder Ejecutivo sobre la Contraloría, en consecuencia, ha asegurado la inacción global de dicho organismo, destacándose entre sus ejecutorias, solo, las decisiones que ha tomado, inconstitucionales todas, decretando la inhabilitación política de exfuncionarios de oposición, a los efectos de impedir que puedan tener participación política alguna en procesos electorales.

Un solo dato pone en evidencia esta ausencia de control y es que de todos los países de América Latina, que fueron infectados por la corrupción global de la empresa Odebrecht, Venezuela es el que más obras inconclusas tuvo iniciadas por dicha empresa, y que siguen inconclusas, pero es el único en el cual no se ha iniciado juicio alguno por corrupción, como si Odebrecht no hubiese sido llevada del brazo entre Lula y Chávez al país, con contrataciones a dedo y sin control.

Séptimo, la guerra contra las instituciones también afectó al Defensor del Pueblo, órgano del cual nadie oye hablar, que nada ve, que nada conoce, que nada investiga, y que parece que nunca ha existido. La guerra en este caso, le ha impuesto a dicho órgano la ley del silencio o la inacción, produciendo efectos letales que redujeron a la inexistencia dicho órgano, el cual por ejemplo, nada ha dicho ni se ha enterado que el Comité de Derechos Humanos de las Naciones Unidas repetidamente ha denunciado la comisión de delitos de lesa humanidad por parte de funcionarios del gobierno, o que la Corte Penal Internacional está llevando a cabo una investigación contra el gobierno de venezuela por los ismos delitos.

Y *octavo, la guerra del Estado contra sus instituciones también se desató contra la institución militar*, la cual ha sido desnaturalizada y degradada, lo que se evidencia de los siguientes aspectos: - Ha dejado de ser la garante de la integridad del territorio y de la soberanía nacional, relegando sus funciones de defensa; ha sido burocratizada, llevando a sus componentes a invadir el campo de la Administración Civil del Estado, llevando a oficiales, sin competencia alguna para ello, a ocupar la mayoría de los altos cargos de la Administración y de las empresas del Estado, con los resultados catastróficos de ineficiencia, degradación institucional y corrupción generalizada que

140

han venido siendo conocidos a pesar del secreto y encubrimiento oficial; ha provocado una inflación en el componente de oficiales superiores de las Fuerzas Armadas, llegando al punto de que Venezuela tiene más generales y tenientes coroneles que muchos otros países europeos juntos, habiéndose abandonado los ascensos con base en el mérito académico. Los mejores egresados son sacados y los peores de las graduaciones han sido encumbrados; y ha desnaturalizado sus funciones, asignando a la Fuerza Armada tareas empresariales, al punto de que, en la estructura organizacional del Estado, las empresas militares han adquirido una dimensión nunca antes imaginada.

3. *La guerra del Estado en Venezuela, contra la propia forma federal de descentralización política*

Hay que recordar que así como la Constitución establece el principio cardinal de la separación de poderes para la organización del Poder Púbico, el cual ha sido demolido por el propio Estado en su política de concentración del poder, la Constitución también establece el principio de la división territorial del Poder, mediante su descentralización política entre diversos niveles territoriales autónomos de los Estados y Municipios; principio que igualmente ha sido demolido por el propio Estado en su política de centralización total del poder.

Primero, la guerra del Estado nacional ha sido contra las autonomías de los Estados de la federación, la cual en los últimos veinticinco años puede decirse que ha desaparecido totalmente, habiéndose hecho depender a los Estados total y exclusivamente del presupuesto nacional, es decir, del propio Ejecutivo Nacional.

El Estado nacional ha centralizado todas las competencias públicas, no quedando nada en el nivel estadal. La guerra del Estado nacional ha acrecentado el centralismo al haber revertido toda descentralización de servicios que se había hecho años atrás, siendo ostensible la política de solo hablar de descentralización hacia los Estados cuando éstos están gobernados por

Gobernadores adeptos al régimen. De lo contrario, si algún gobernador es de la oposición, termina siendo un personaje sin función alguna salvo ejecutar un precario presupuesto para pagar una exigua burocracia.

Segundo, **la guerra del Estado nacional ha sido también contra la autonomía municipal**, como poder local atribuido a órganos electos mediante sufragio universal, directo y secreto, ha sido librada por el Estado nacional, no solo quitándole competencias a los Municipios, sino buscando su eliminación total, para sustituirlos por unos Consejos Comunales insertos en el esquema del Poder Comunal que desde 2006 se ha querido implantar en Venezuela, a pesar de que fue rechazado en 2007 con el rechazo del proyecto de reforma constitucional motorizado por Hugo Chávez.

Esos Consejos Comunales no fueron concebidos como órganos representativos de las comunidades, en el sentido de que sus miembros no han sido electos mediante sufragio universal directo y secreto, sino que han sido nombrados por Asambleas de ciudadanos controladas por el partido de gobierno, a mano alzada, contrariando el principio democrático previsto en la Constitución. Y si bien en una reforma anunciada de la Ley de los Consejos Municipales en 2023 se reformó la forma de elección de los "voceros" de los Consejos Comunales, para prever el sufragio universal directo y secreto, estratégica y descubridoramente, en la Ley se estableció que ello solo entraría en vigor después de tres años.

La guerra contra el municipio se ha manifestado adicionalmente en el hecho de que los mismos han venido siendo vaciados de sus competencias, al exigirse que sean transferidas a dichos Consejos Comunales hasta ahora no electos democráticamente, creándose además a las Comunas como la unidad política primaria del país, usurpando el carácter que conforme a la Constitución tienen los Municipios.

Mediante ese proceso de estructuración del Estado Comunal o del Poder Popular, como Estado paralelo al Estado Constitucional, puede decirse que el Estado nacional ha decretado una guerra sin cuartel contra los Municipios y su autonomía, con el objetico de ahogarlos y desaparecerlos.

El Estado Comunal y sus mecanismos de supuesta "participación," por lo demás, en particular, los Consejos Comunales como organizaciones que dependen del Poder Ejecutivo nacional y son manejados por el partido de gobierno, para lo que han servido es para centralizar aún más el Poder del Estado y para controlar la población, con la excusa de una "participación" reducida a recibir dádivas del Poder Central con todas las formas de subsidios manejados por Misiones del poder central.

4. ***La guerra del Estado contra el país, también ha sido una guerra contra la economía pública y los servicios públicos que se ha manifestado en su destrucción y desquiciamiento total.***

Primero, la guerra contra la economía pública, la misma ha implicado, en cuanto a la economía publica: El abandono total de la disciplina presupuestaria y fiscal, habiendo el Presupuesto dejado de ser el instrumento para estimar ingresos y la medida para efectuar gastos públicos; el endeudamiento desmesurado y descontrolado, sin ninguna disciplina fiscal o presupuestaria, ha materialmente quebrado al estado internamente y en el mundo financiero internacional; la generación de deuda pública derivada de la irresponsabilidad del Estado en expropiaciones y confiscaciones que luego originaron demandas y juicios donde se condenó al estado por montos astronómicos; la pérdida de autonomía del Banco Central de Venezuela; la ausencia de información y de cifras económicas para el manejo de la economía pública; una inflación que es récord mundial histórico, así como la pérdida del valor de la moneda en una forma no experimentada en ningún otro país en la historia moderna; la destrucción de la industria petrolera, con el desmantelamiento de PDVSA a lo cual se agrega su endeudamiento monstruoso, la corrupción generalizada en la empresa y sus actividades, y el abandono de sus instalaciones convertidas en chatarra; esa destrucción de la industria petrolera ha implicado la destrucción total de la economía de regiones enteras del país, como es el caso del Estado Zulia y de todo el entorno del Lago de Maracaibo, convertido en un cementerio de chatarra, totalmente contaminado por derrames petroleros; y la destrucción de las industrias básicas, como las de la siderúrgica, del aluminio y del cemento, cuyas instalaciones también se han convertido en chatarra..

Y entre las consecuencias desastrosas de esta situación, en un país con supuestamente entre las mayores reservas petroleras, simplemente no hay gasolina no solo para poder circular libremente en el territorio, sino para la más elementan necesidad de los camposinos de poder sacar las cosechas en el mundo rural.

Segundo, ***la guerra del Estado contra los servicios públicos*** que está obligado a prestar y suministrar a los ciudadanos, la misma ha sido igualmente catastrófica, en particular respecto de los servicios de salud y atención médica, de educación, de suministro de electricidad en las ciudades y en las zonas rurales, de suministro de agua potable en las ciudades, de transporte público terrestre, aéreo y marítimo. Ninguno de los servicios públicos tiene niveles de excelencia en su prestación, son todos deficitarios, y además en su manejo son y han sido una fuente de corrupción manejada y tolerada por el propio Estado.

5. ***La guerra del Estado contra el país, también ha sido una guerra contra la economía privada y contra la propiedad privada, en general, contra el mundo privado propio de todos de los habitantes del país, que podía tener funcionamiento propio***

Primero, esa guerra del Estado ha sido contra la economía privada, habiendo ello implicado, entre otros aspectos: Expropiaciones, confiscaciones y ocupaciones de industrias en forma indiscriminadas, que han sido transferidas a los órganos del Estado y manejadas por la burocracia estatal, con la consecuente quiebra final de las mismas y su clausura o cierre definitivo; persecución contra las empresas constructoras de viviendas de interés social provocando un colapso descomunal en la industria de la construcción; expropiaciones y ocupaciones indiscriminadas de tierras agropecuarias y productores agrícolas, que pasaron a ser manejadas por grupos vinculados al Estrado, con el abandono final del campo; regulaciones y controles de precios, y fijación de supuestos precios justos, por una burocracia incompetente, con el subsecuente ahogamiento progresivo de los pocos productores privados que han logrado sobrevivir; y el abandono total por parte del Estado de su rol de Estado promotor, para estimular a los productores privados en sus actividades.

Segundo, la guerra del Estado ha sido contra la propiedad privada, a la cual el Estado le ha declarado la guerra total, lo que se ha manifestado fundamentalmente en:las ocupaciones, confiscaciones y expropiaciones de fincas y tierras agrícolas que posteriormente han sido abandonadas por los nuevos ocupantes asignados por el propio Estado; y la confiscación de tierras rurales, al exigirse inconstitucionalmente a los propietarios que para demostrar la titularidad de su propiedad, deben poseer títulos registrados desde tiempo inmemorial, de antes de la independencia del país, es decir, desde la Colonia.

Tercero, la guerra del Estado también ha sido ha sido contra las iniciativas e instituciones privadas, lo que se evidencia de los siguientes aspectos: ha intervenido todas las corporaciones públicas de membresía privada como los Colegios profesionales, los Sindicatos y las Universidades autónomas, interviniéndolas en su funcionamiento, usando armas letales como la Sala Constitucional del Tribunal Supremo y el Consejo Nacional Electoral, ambos controlados por el Ejecutivo, para anular, controlar, suspender y confiscar las elecciones de sus directivas por sus miembros; ha demolido el movimiento sindical, desde su primera intervención en 2000, desapareciendo, por ejemplo, la Confederación de Trabajadores de venezuela y otras agrupaciones de trabajadores, como la Federación Venezolana de maestros, en ambos casos, otrora importantes movimientos de trabajadores; ha intervenido en el funcionamiento y financiamiento de las Fundaciones, Asociaciones Civiles y Organizaciones no gubernamentales, pretendiendo controlar su funcionamiento; ha intervenido en el funcionamiento de los partidos políticos, controlando sus elecciones internas, utilizando a la Sala Constitucional del Tribunal Supremo, controlada por el Poder Ejecutivo, para cancelar partidos, para intervenirlos, para secuestrarlos y nombrarles unas nuevas Juntas directivas controladas por los hilos del poder, para que aparenten ser de oposición, sin serlo.

Cuarto, la guerra del Estado también ha sido contra las iniciativas e instituciones privadas. Durante los últimos veinticinco, el Estado ha llevado a cabo una guerra permanente e intensa contra los medios de comunicación privados, neutralizando, clausurando y confiscando Estaciones de televisión; adquiriendo y confiscando todos los medios impresos de comunicación, y clausurando estaciones radios, al punto de que en la actualidad no existe ningún medio audiovisual o de periódico impreso que no esté controlado, acallado o sometido al gobierno.

Quinto. la guerra del Estado también ha sido ha sido contra las personas, contra el ser humano, la cual se ha desatado con toda crudeza manifestada en particular en la violación a los derechos ciudadanos a la libertad personal y a la integridad física, habiendo resurgido de la misma, en el país, la trágica figura de la desaparición forzosa de personas, le ejecución extrajudicial de personas a manos de los cuerpos de seguridad, las detenciones arbitrarias, la tortura y la vejación, todo lo cual significa la aniquilación de todo derecho derivado de la dignidad humana, que ha llevado a que el gobierno esté siendo investigado ante la Corte Penal Internacional, por crímenes de lesa humanidad, los cuales además han sido denunciados repetidamente por el Comité de Derechos Humanos de las Naciones Unidas y las Unidades de investigación independientes que ha designado en los últimos años.

Por otra parte, la desatención del Estado de la seguridad ciudadana ha provocado que el país sea considerado en 2023, en el ranking mundial de criminalidad, como el país con el mayor índice de criminalidad en el mundo.

6. ***La guerra del Estado contra el país, también se desató contra la democracia y la ciudadanía, afectando la democracia representativa, la democracia participativa y los derechos políticos de los ciudadanos***

Primero, la guerra del Estado ha desatado una guerra sistemática contra la democracia representativa, alegando la necesidad de implantar una supuesta "democracia participativa," lo que se ha manifestado entre otros aspectos, por los siguientes: Se ha pretendido eliminar la democracia representativa como fuente del gobierno mediante el ejercicio del sufragio, universal, directo y secreto por los ciudadanos, por un sistema de elección de "voceros" a mano alzada en Asambleas de ciudadanos controladas por el partido de gobierno. En ello se ha querido fundamentar todo el entramado del llamado Poder Popular o Estado Comunal, que busca además eliminar a las entidades políticas descentralizadas; y la Sala Constitucional del Tribunal Supremo ha aceptado esta deriva antidemocrática al haber avalado la eliminación por vía legal de las Juntas Parroquiales, que tienen rango constitucional, como entidades con miembros electos mediante sufragio, y su sustitución por voceros de Consejos Comunales hasta ahora no electos por sufragio universal directo y secreto.

En otros casos, la Sala Constitucional ha avalado la eliminación del sufragio universal, directo y secreto en la elección de los representantes indígenas a la Asamblea Nacional, efectuada por la "reforma" realizada por el Consejo Nacional Electoral por "delegación" que le fue conferida inconstitucionalmente por la propia Sala Constitucional.

En los casos de elecciones mediante sufragio universal, directo y secreto que son la base de la democracia representativa, el control político sobre el Consejo Nacional Electoral que ejerce el Poder Ejecutivo y el partido de gobierno, impide la posibilidad misma de que en Venezuela se puedan realizar elecciones libres, justas, limpias, confiables y auditables o verificables, lo que afecta la esencia de la democracia representativa.

El derecho al sufragio pasivo ha sido gravemente afectado, como antes se dijo, al admitirse inconstitucionalmente que la Contraloría General de la República, que es un órgano administrativo (no judicial), pueda decretar la inhabilitación política de funcionarios públicos impidiéndoles participar como candidatos en las elecciones, lo que ha ocurrido en múltiples ocasiones, a pesar de haber sido condenado el Estado, por ello, por la Corte Interamericana de Derechos Humanos.

La Sala Constitucional del Tribunal Supremo, además, ha lesionado el derecho a ejercer cargos electivos, al haber inconstitucionalmente revocado el mandato de diputados y de Alcaldes electos, cuando solo el pueblo puede decidir tal revocación; y además, ha aceptado e impuesto un gobierno sin legitimidad democrática al imponer a un Vicepresidente que no había sido electo popularmente como Presidente de la República al momento del fallecimiento de Chávez en 2013.

En fin, el funcionamiento de la democracia representativa también ha sido afectado por la eliminación, con base también en una sentencia de la Sala Constitucional, del sistema de gobierno alternativo que impone la Constitución, al interpretar que gobierno alternativo es lo mismo que gobierno electivo, dando luz verde para la reelección indefinida que es violatoria del derecho a la democracia, y a que se propusiera una enmienda constitucional para cambiar un principio pétreo ilegítimamente.

Segundo, la guerra del Estado también se ha dirigido contra el derecho ciudadano a la democracia participativa que se ha atacado y neutralizado en todas las manifestaciones de la misma que prevé la Constitución148 y, en particular, por:

- La negación del derecho a la participación política de los ciudadanos que regula la Constitución en los Comités de Postulaciones para la elección de segundo grado por la Asamblea Nacional de los altos funcionarios de los Poderes Públicos (Magistrados del Tribunal Supremo, Fiscal General y Contralor General de la República, Rectores del Consejo Nacional Electoral y Defensor del Pueblo), ignorándose que los mismos solo pueden estar integrados, exclusivamente, por representantes de los diversos sectores de la sociedad, y habérselos conformado en cambio, en las leyes respectivas y en fraude a la Constitución, por una mayoría de diputados, que por esencia son lo parte de la sociedad política, opuesta a la sociedad civil. El derecho a la participación política ciudadana regulado directamente en la Constitución, así, ha sido así secuestrado por el propio Estado usurpando los diputados el derecho de los ciudadanos.

- La negación del derecho a la participación política de los ciudadanos que regula la Constitución para ser consultados mediante consulta pública, por la Asamblea Nacional, en el proceso de discusión de las leyes, el cual ha sido eliminado por el Estado, usando como arma letal para ello, a la Sala Constitucional del Tribunal Supremo, que ha dispuesto en fraude a la Constitución, primero, que la consulta popular no es obligatoria en caso de leyes dictadas mediante decretos leyes emanados del Presidente de la República, que en la práctica y de hecho conforman la gran mayoría de las leyes que se han dictado en el

---

148   Véase Allan R. Brewer-Carías, *Crónica constitucional del secuestro de la participación política y las elecciones en Venezuela, que dejaron de ser libres, justas, plurales y transparentes 1999-2024*, Colección de Crónicas constitucionales para la Memoria Histórica, No 7, Biblioteca Allan R. Brewer-Carías, Universidad Católica Andrés Bello, Caracas 2024.

país en los últimos veinte años; y segundo, que para la consulta de las leyes en proceso de discusión por la Asamblea Nacional, no es necesario seguir ningún procedimiento específico para consultar las organizaciones de la sociedad, bastando cualquier simple aviso u opinión recibida para que quede consumada la supuesta "consulta popular."

El derecho a la participación política ciudadana regulado directamente en la Constitución, así ha sido así secuestrado por el propio Estado despojándose de su ejercicio a los ciudadanos.

En cuanto a los referendos consultivos nacionales, estadales y municipales (art. 71), su regulación ha sido establecida en forma tan inconveniente, que en veintitrés años jamás se ha podido convocar alguno.

- La negación del derecho a la participación política de los ciudadanos mediante el referendo revocatorio de mandatos regulado también directamente en la Constitución, mediante la inconstitucional manipulación reglamentaria por el Consejo Nacional Electoral, que en la práctica ha impedido que los ciudadanos puedan ejercer dicho derecho en los veinte años de vigencia de la Constitución, como ocurrió en 2003 y 2017. Y si bien en todo ese tiempo un solo referendo revocatorio presidencial pudo realizarse en 2006, ello fue después de que el registro electoral se aumentara extraordinariamente con la regularización de residencia y ciudadanía de millones de extranjeros indocumentados, y en fraude a la Constitución, de que la Sala Constitucional "interpretara" la Constitución para permitir transformar el referendo revocatorio presidencial en un referendo "ratificatorio" en fraude a la Constitución, luego de haberse inflado el registro electoral. En cuanto a los referendos aprobatorios de leyes y de tratados (art. 73), o abrogatorios de leyes o decretos leyes (art. 74) su regulación ha sido establecida en forma tan inconveniente, que en veintitrés años jamás se ha podido convocar alguno

- La negación del derecho a la participación política de los ciudadanos en la necesaria convocatoria por iniciativa popular de Asambleas Constituyentes mediante referendo de convocatoria, al calificarse el intento de transformar el Estado Constitucional en un Estado Comunal en 2007, como una simple "reforma a la Constitución," recurriéndose en fraude a la Constitución al procedimiento de la "reforma constitucional" (la cual fue rechazada por el pueblo).

- La usurpación por el Presidente de la República, en 2017, del derecho a la participación política de los ciudadanos en la necesaria convocatoria por iniciativa popular de la Asamblea Constituyente mediante referendo de convocatoria, al convocar mediante decreto la Asamblea Constituyente de 2017 para que sirviera, en fraude a la Constitución, solo como ente legislativo en sustitución de la Asamblea Nacional secuestrada por la Sala Constitucional, al declararla en desacato desde 2016.

- La degradación progresiva de las funciones y rol de los Estados y Municipios, que fueron despojados progresivamente de su carácter de servir como vehículos de la participación política de los ciudadanos para la conducción y gobierno de los asuntos regionales y de carácter local.

Tercero, la guerra del Estado también se ha dirigido específicamente contra los derechos políticos, pues al destruir la democracia como régimen político con ello ha llevado a los derechos políticos a igual destrucción. Ello ha ocurrido, por ejemplo, con el derecho a la participación política (arts. 62, 70), la cual ha sido afectada en todas sus manifestaciones.

En primer lugar, en el derecho al sufragio, al impedir los agentes del Estado depredador la realización de elecciones libres, seguras y verificables y eliminar el sufragio universal (art. 63), directo y secreto de los órganos que se denominan como del Poder Comunal, que buscan usurpar sin legitimidad democrática, las funciones de los entes locales constitucionales como el Municipio y las Juntas Parroquiales.

En segundo lugar, en el derecho a elegir (art. 64), al manipular el Consejo Nacional Electoral el registro electoral permanente y desatender su actualización, al punto de que el mismo no refleja en la actualidad la realidad y los cambios ocurridos en el país en los últimos lustros. Por ello, el apoderamiento por el gobierno del Consejo Nacional Electoral desde los propios inicios del régimen autoritario no sólo ha afectado el derecho de los ciudadanos a asociarse libremente en partidos políticos signados por el pluralismo, sino que ha disipado toda posibilidad efectiva de que en Venezuela puedan llevarse a cabo, efectivamente, elecciones libres, justas, transparentes, controladas y verificables.

En tercer lugar, en el derecho ciudadano a la rendición de cuentas públicas, transparentes y periódicas de los representantes sobre su gestión, de acuerdo con el programa presentado (art. 66), que nunca se ha podido ejercer.

En cuarto lugar, en el derecho de asociación con fines políticos (art. 67) que se ha visto vulnerado con la clausura, intervención y secuestro por el Consejo Nacional Electoral la Sala Constitucional del Tribunal Supremo de los partidos políticos, afectando el derecho ciudadano a participar libremente en los procesos electorales; y además, con la posición distinta del partido de gobierno, al que no se exige seleccionar sus candidatos mediante elecciones internas y la sala Constitucional le ha asegurado financiamiento por parte del Estado, en contra de la prohibición constitucional de financiamiento de las asociaciones con fines políticos con fondos provenientes del Estado.

En quinto lugar, en el derecho de manifestar de los ciudadanos pacíficamente y sin armas (art. 68), quedó secuestrado al imponer la Sala Constitucional limitaciones inconstitucionales a su ejercicio, creando la necesidad de "autorizaciones" previas que no están reguladas en la misma; habiendo además, violado los órganos del Estado la prohibición de uso de armas de fuego y sustancias tóxicas en el control de manifestaciones pacíficas, con el consiguiente represión a mansalva y asesinato de manifestantes por los cuerpos de seguridad, lo cual ha quedado documentado en los informes de los órganos internacionales de protección de derechos humanos desde 2017, como es el caso del Comité de Naciones Unidas de Derechos Humanos.

7. *La guerra del Estado contra el país, también se desató contra los derechos humanos de los habitantes del país, ninguno de los cuales está garantizado ni los habitantes ni ciudadanos pueden disfrutar libremente de ellos*

Siguiendo la enumeración de las garantías y derechos constitucionales de las personas, que trae la Constitución, ninguno tiene plena efectividad, vigencia y goce en el país, como ha sido ampliamente analizado en los Informes de la Comisión Interamericana de Derechos Humanos, del Alto Comisionado de las naciones Unidas y sus Comisiones Independientes, y las denuncias formuladas ante la Corte Penal Internacional, de todo lo cual resulta en grandes líneas lo siguiente:

Primero, la guerra del Estado contra los derechos humanos se ha manifestado contra las garantías constitucionales, habiendo ello dado como resultado, que los órganos del Poder Público hayan ignorado que el respeto y garantía de los derechos humanos, sí como la investigación sobre sus violaciones, son de sus obligaciones prioritarias, como lo exige los artículo 19 y 29 a 31 de la Constitución, y se hayan convertido al contrario en los agentes más importantes de su destrucción, interviniendo en todos los órdenes de los habitantes y lesionando el derecho de todos al libre desenvolvimiento de la personalidad.

El derecho fundamental a la igualdad ante la ley (art, 21) ha sido menospreciado por el Estado, dando preferencia global por ejemplo en materia de derechos sociales a quienes dependen del Estado como empleados o beneficiarios de "misiones," a quienes le compra sus conciencias con subsidios, discriminando políticamente a quienes discrepan, como ocurrió desde temprana época con la persecución política de la famosa Lista Tascón.

La cláusula abierta de los derechos y garantías que no están enumerados en la Constitución (arts. 22, 27) ha sido desconocida, negando la Sala Constitucional de existencia de valores superiores de la humanidad que garantizan la dignidad humana (art. 22), y negando además, el rango constitucional que la Constitución otorga a los instrumentos internacionales sobre derechos humanos así como la posibilidad de aplicación inmediata y directa por todos los tribunales, sin la intervención de la sala Constitucional del Tribunal Supremo (art. 23). El Estado, además, ante todas las violaciones cometidas contra los derechos humanos, nunca ha exigido responsabilidad de quienes en su nombre las han cometido (art. 25), desconociendo las condenas internacionales adoptada por la Corte Interamericana de Derechos Humanos y el Comité de la ONU sobre Derechos Humanos, desconociendo lo estipulado en los artículos 25, 27, 30 de la Constitución.

El Estado ha violado la garantía de la irretroactividad de la ley (art. 24), a mansalva, con una llamada ley Antibloqueo de 2020 y como recién viene de hacer la Asamblea nacional comuna ley inconstitucional para regular la extinción de Dominio, o confiscación sin condena penal.

El Estado ha desconocido el derecho de acceso a la justicia, en particular el derecho de las personas a obtener con prontitud la decisión judicial correspondiente (art. 26; y por ello ha hecho nugatorio el derecho de amparo (arts. 27, 28), en particular cuando la acción se intenta contra los órganos del propio Estado y sus funcionarios que el Poder Judicial controlado ha convertido en inmunes.

Segundo, la guerra del Estado contra los derechos humanos ha sido también una guerra contra la nacionalidad y ciudadanía, habiéndose otorgado la primera, a discreción a extranjeros, con fines políticos y otros de orden criminal, afectando su propia soberanía; y además, negándole y privando de hecho la nacionalidad a venezolanos en el exterior, al negarles la acreditación de su identificación (art. 35, 42, 56).

En cuanto a los derechos de ciudadanía, que son los derechos políticos,, como también se ha argumentado antes, los mismos se han afectado por el Estado declarando sin sentencia judicial la arbitraria inhabilitación política de ciudadanos (art. 39); habiendo llegado el Estado, por otra parte, a otorgárselos a extranjeros indeseables por razones políticas y criminales violando el artículo 40 de la Constitución; afectando la igualdad de todos los venezolanos (art. 41), y el derecho exclusivo de los mismos, incluso de los venezolanos por nacimiento, a ejercer determinados cargos públicos (art. 41).

Tercero, la guerra del Estado y sus agentes contra los derechos humanos ha sido también agresiva contra los derechos civiles de las personas, como ha quedado acreditado en todos los Informes internacionales de organismos de protección a los derechos humanos, de manera que el derecho a la vida (art. 43), dejó de ser inviolable y ha sido violado, con asesinaos políticos, desapariciones forzosas, y ejecuciones extrajudiciales, abandonando el Estado su obligación de proteger la vida de las personas que se encuentren privadas de su libertad (art, 43).

La libertad personal también ha dejado de ser inviolable, estando las personas a la merced de ser arrestados, detenidos, encarcelados sin proceso judicial, por funcionarios que no se identifican, y sin posibilidad de comunicarse con familiares o abogados, a quienes no se informa sobre donde se encuentran; siendo sometidas con harta frecuencia a medidas como torturas o tratos crueles, inhumanos o degradantes que atentan contra la integridad física, psíquica y moral de las personas; todo en todo en contra de lo previsto en los artículos 44 y 46 de la Constitución. En multitud de casos, incluso las personas han continuado detenidas después de dictada orden de excarcelación (art. 45).

Para el Estado y sus agentes, el hogar doméstico dejó de ser inviolable siendo allanado a mansalva por razones políticas sin orden judicial (art. 47); al igual que las comunicaciones privadas, para los agentes del Estado, dejaron de ser secretas e inviolables en los términos del artículo 48 de la Constitución.

El control político que el Estado ejerce sobre el Poder Judicial, luego de destruir su autonomía e independencia ha hecho que el derecho al debido proceso haya sido también violado por el Estados, emitiéndose sentencias sin notificarse ni citarse al demandado ni otorgársele derecho a ser oído y a defenderse, todo en violación del artículo 49 de la Constitución, teniendo ello incluso repercusiones internacionales, como ha sucedido recientemente incluso con decisiones de la Sala Constitucional del Tribunal Supremo dictadas violando el debido proceso, que no han sido reconocidas por ejemplo en las Cortes del Reino Unido por violar el artículo 6 de la Convención Europea de Derechos Humanos. Por lo demás, la presunción de inocencia dejó de ser un derecho inviolable en Venezuela, siendo vulnerado constantemente por toda suerte de funcionarios.

El derecho al libre tránsito (art. 50) ha sido violado, al impedirse a los ciudadanos salir y regresar al país al negárseles la necesaria identificación para ello; y el derecho de transitar libremente y por cualquier medio por el territorio nacional, de hecho, se ha visto afectado por la ausencia de gasolina, el deterioro de las vías de comunicación y las "alcabalas" de todos los cuerpos imaginables que cobran por dejar pasar, sin que sean "tasas" de peajes de vías públicas autorizadas.

El derecho de petición que garantiza el artículo 51 de la Constitución, se ha visto afectado, particularmente por la ausencia de la oportuna y adecuada respuesta a que se refiere la norma.

El derecho de asociación con fines lícitos (art. 52) se ha visto afectado grandemente, no sólo por la intromisión de agentes del Estado en las elecciones internas de muchas asociaciones, sino por la permanente persecución y acoso del Estado contra las asociaciones (ONG) de protección de derechos humanos.

El derecho a la protección de la seguridad persona, por parte de los órganos de seguridad ciudadana, ha sido trastocado por el funcionamiento irregular de los mismos, que en lugar de proteger a la ciudadanía frente a amenaza, vulnerabilidad o riesgo para la integridad física de las personas, sus propiedades, el disfrute de sus derechos y el cumplimiento de sus deberes, en muchos casos, como ha sido evidenciado por los organismos de protección de los derechos humanos, han actuado como agentes mismos para amenaza, vulnerar y poner en riesgo la integridad física de las personas y sus propiedades. Además, dichos cuerpos con frecuencia han irrespetado la dignidad y los derechos humanos de las personas, y han usado sus armas lesionando a mansalva a personas sin atender a principio alguno de necesidad, conveniencia, oportunidad y proporcionalidad, como lo exige el artículo 33 de la Constitución.

El derecho a la libre expresión del pensamiento (art. 57) ha sido vulnerado, persiguiéndose por ejemplo a periodistas por lo que escriben, habiendo materialmente desaparecido el derecho ciudadano a la información oportuna, veraz e imparcial, por el control total del Estado de los medios de comunicación, habiendo también desaparecido todo vestigio de que un ciudadano afectado por informaciones inexactas o agraviantes pueda ejercer el derecho a réplica y rectificación.

Cuarto, la guerra del Estado y sus agentes contra los derechos humanos ha sido también contra los derechos sociales, de manera que además de haber forzado a millones de personas a emigrar y dejar sus familias, ha incidido particularmente las relaciones familiares, rompiendo los lazos de solidaridad, esfuerzo común, comprensión mutua y respeto recíproco entre sus integrantes, que el Estado está obligado a proteger – no a demoler – conforme a la Constitución (art. 75), todo lo cual ha llevado al Estado a abandonar sus obligaciones de crear oportunidades para estimular el tránsito productivo de los adolescentes hacia la vida adulta y, en particular, para la capacitación y el acceso al primer empleo (art. 79); su obligación de garantizarle a los ancianos atención integral y beneficios de la seguridad social que eleven y aseguren su calidad de vida (art. 80); y su obligación también constitucional de asegurar el mínimo vital de las pensiones de jubilación.

El derecho a la vivienda adecuada, segura, cómoda, higiénica, con servicios básicos esenciales que incluyan un hábitat que humanice las relaciones familiares, vecinales y comunitarias que garantiza la Constitución (art. 81) no ha sido atendido por el Estado, y menos cuando ha convertido las Misiones de construcción de viviendas que se han desarrollado con modelos extraños al trópico, en particular de origen chino, en mecanismos para el desorden urbano, negando el derecho de las personas a la propiedad privada de sus viviendas.

El derecho a la salud, cuya atención es obligación del Estado (art. 83), ha sido totalmente olvidado por el mismo, con políticas que han conducido a la desatención de la salud, como tarea prioritaria, en la cual se ha dejado de invertir, con el deterioro total de las instalaciones públicas de salud, al éxodo de médicos profesionales, y a la invasión de prácticos que se hacen pasar por médicos, de origen cubano, quedando la ciudadanía totalmente desprotegida, desvalida, sin que el sistema público nacional de salud se haya integrado al sistema de seguridad social como lo exige la Constitución (art, 86), que de prioridad a la promoción de la salud y a la prevención de las enfermedades, asegurando la protección de los habitantes del país en todas las contingencias (art, 84).

El derecho al trabajo, por su lado, ha sido desasistido habiendo el Estado abandonado su obligación de garantizar la adopción de las medidas necesarias a los fines de que toda persona pueda obtener ocupación productiva, que le proporcione una existencia digna y decorosa y le garantice el pleno ejercicio de este derecho (art. 87), pero sin velar por el cumplimiento de la prohibición del trabajo de adolescentes en labores que puedan afectar su desarrollo integral (art. 90), ni por asegurar que el salario al cual tienen derecho los trabajadores - que debe ser un salario mínimo vital que debería ser ajustado cada año -, sea efectivamente suficiente para permitirles vivir con dignidad y cubrir para sí y su familia las necesidades básicas materiales, sociales e intelectuales (art. 91).

En el marco de los derechos laborales, el Estado, desde hace más de veinte años le declaró la guerra al movimiento sindical, lesionando gravemente el derecho de los trabajadores a constituir libremente las organizaciones sindicales que estimen convenientes para la mejor defensa de sus derechos e intereses (art. 95), las cuales en muchos casos han sido perseguidas, intervenidas y sus dirigentes apresados, quedando los trabajadores sobre todo en el campo de las empresas del Estado, desasistidos en todo intento de negociación colectiva (art. 96), siendo las huelgas en muchos casos perseguidas (art. 97).

El derecho a la educación integral que el Estado está obligado a garantizar (art. 103) ha sido igualmente desasistido por el Estado, que no ha velado por la obligatoriedad de la educación en todos sus niveles, ni por asegurar que sea impartida en las instituciones del Estado en forma gratuita; instituciones que han sido abandonadas por éxodo de maestros, desinversión estatal y sustitución de personal docente por personas no capacitadas para ello, sin la reconocida moralidad y de comprobada idoneidad académica que exige el artículo 104 de la Constitución. A ello se agrega la deserción escolar altísima.

Quinto, la guerra del Estado y sus agentes contra los derechos de los pueblos indígenas, que no han sido protegidos (art. 119), sino más bien violados por el Estado mismo con explotaciones mineras irracionales conducidas por su funcionarios y los militares que deberían estar llamados a proteger los recursos naturales; sin que hasta la ahora se haya hecho esfuerzo alguno a favor de los pueblos indígenas, como lo exige la Constitución (art. 119), por demarcar y garantizar el derecho a la propiedad colectiva de sus tierras.

El propio Estado ha sido el responsable, en contra de lo previsto en la Constitución, el aprovechamiento de recursos naturales en los hábitats indígenas, lesionando la integridad cultural, social y económica de los mismos, y sin la previa información y consulta a las comunidades indígena (art. 120), como ha ocurrido en la Amazonia y la Orinoquia.

Y en cuanto a el derecho a la participación política de los pueblos indígenas con representación en la Asamblea Nacional (art. 125), ha sido el propio Estado el que lo ha violado al quitarle a los mismos el derecho de ejercerlo mediante sufragio universal, directo y secreto, sustituyéndolo por una elección a mano alzada en Asambleas controladas, mediante una reforma de la ley hecha además por un órgano incompetente como es el Consejo Nacional Electoral.

Sexto, la guerra del Estado y sus agentes contra los derechos ambientales, derivada de las propias explotaciones ilegales que ha desarrollado directamente respecto de los recursos naturales, o de las que ha permitido que se desarrollen por su inacción, a violar su obligación de proteger el ambiente, la diversidad biológica, los recursos genéticos, los procesos ecológicos, los parques nacionales y monumentos naturales y demás áreas de especial importancia ecológica (art. 127), lo que ha quedado en evidencia con las explotaciones irracionales de orden minero que se están llevando a cabo e la Orinoquia y la Amazonía; sin atención alguna a políticas de ocupación del territorio que se hayan podido haber dictado (art. 128), sin consulta o participación ciudadana alguna; y si que se haya exigido los necesarios estudios de impacto ambiental y sociocultural (art. 129).

De todo lo anterior resulta que el reto que tenemos en el futuro los venezolanos es transformar el Estado depredador que se ha desarrollado, que ha estado y está en guerra contra los ciudadanos, contra el país y sus instituciones, incluyendo las del mismo Estado; y transformarlo en un Estado Servicial, es decir, en los términos del artículo 141 de la Constitución, en un Estado al servicio del ciudadano.

Por tanto, repetimos, la tarea que tenemos por delante los venezolanos, es la de poner fin al Estado depredador y destructivo que se ha desarrollado durante los últimos veinte y cinco años conducido por una *clepto-kakistocracia,*[149] de cuya actuación lo que ha quedado es una devastación similar a la que puede haber resultado de una guerra fratricida entre ejércitos enemigo; es decir, de destrucción total, en todos los órdenes, social, político, económico, institucional, de servicios, de infraestructura, similar a la que se produce como consecuencia de un conflicto bélico, de una guerra entre dos ejércitos para la aniquilación mutua.

De manera que, como antes se ha expresado, si bien no hemos tenido ese conflicto bélico entre dos grupos armados, lo que sí hemos tenido ha sido un conflicto conducido por y desde el Estado y su gobierno, contra la sociedad, el país, la Nación y sus instituciones y ciudadanos, originando una devastación similar a la que resulta de una guerra convencional entre ejércitos confrontados.

Por ello, con razón, Ricardo Haussman ha dicho "Venezuela es el colapso económico más grande que se ha dado en la historia de la humanidad fuera de guerras, registrado desde que hay estadísticas económicas," refiriéndose, por supuesto, solo a guerras externas, siendo dicho colapso el producto directo de la guerra interna del Estado contra el país.[150]

Por ello, hacia el futuro, como lo dijo Oswaldo Álvarez Paz, lo que está planteado es recorrer "la ruta hacia la reconstrucción

---

[149]   Véase Allan R. Brewer-Carías, *Kakistocracia depredadora e inhabilitaciones políticas: El falso Estado de derecho en Venezuela,* Colección Biblioteca Allan R. Brewer-Carías, Instituto de Investigaciones Jurídicas de la Universidad Católica Andrés Bello, No. 20, Editorial Jurídica Venezolana, Caracas 2023.

[150]   Véase Ricardo Haussman, "Ricardo Hausmann: "Venezuela es el colapso económico más grande que se ha dado en la historia de la humanidad fuera de guerras," en El Nacional, 2 de junio de 2024, disponible en: h ttps://www.elnacional.com/economia/ricardo-hausmann-venezuela-es-el-colapso-economico-mas-grande-que-se-ha-dado-en-la-historia-de-la-humanidad-fuera-de-guerras/ Sobre el tema véase: José Guerra, La Economía Chavista: Veinte años perdidos. Una propuesta para Venezuela, CADIVI 2024.

democrática de Venezuela, en democracia y libertad;"[151] pues como lo resumió Carlos Blanco, la tarea que está por delante es la "de la construcción del Estado desde cero" considerando que "en muchas formas podríamos decir que hoy el Estado no existe," y que "El Estado venezolano deberá ser reconstruido;"[152] lo que, en mi criterio, impone asumir un proceso constituyente, pues semejante reconstrucción, por supuesto, no se puede lograr con solo "reformas constitucionales."[153]

---

[151] Véase Oswaldo Álvarez Paz, "Desde el puente. El pueblo está muy claro," en América 2.1, 2 de julio de 2024, disponible en: https://americanuestra.com/oswaldo-alvarez-paz-desde-el-puente-el-pueblo-esta-muy-claro/

[152] Véase en Maibel lndewr: "Carlos Blanco. El Estado venezolano deberá ser reconstruido," en Analítica, 2 de julio e 2024, disponible en https://www.analitica.com/seminarios-y-foros/carlos-blanco-el-estado -venezolano-debera-ser-reconstruido/

[153] Para esos cambios constituyentes, sin embargo, Jesús María Casal, descartando la propuesta de convocar una Asamblea Constituyente, lo que plantea la necesidad indispensable de realizar reformas constitucionales después del 28 de julio para, entre otras: "establecer límites claros a la reelección presidencial y de restablecer el bicameralismo como medidas esenciales para evitar la concentración de poder y fomentar una democracia representativa. Probablemente lo más sano sería prohibir la reelección inmediata y puede pensarse también en la creación del Senado, en la creación de una segunda Cámara, un Congreso Bicameral con una cámara que permita una representación más directa y equitativa de todos los estados que componen la Federación. […] limitar la facultad del Presidente de dictar decretos con fuerza de ley a través de las leyes habilitantes." Véase lo expresado por Jesús María Casal, en Alexis Pérez, "Cuáles son las reformas indispensables para reconstruir la democracia en Venezuela después del chavismo", en Infobae, 8 de junio de 2024, disponible en: https://www.infobae.com/venezuela /2024/06/08/ cuales-son-las-reformas-indispensables-para-reconstruir-la-democracia-en-venezuela-despues-del-chavismo/. Véase igualmente, por ejemplo, lo expresado por José Luis Pirela en "Venezuela Independiente propone reforma constitucional para la nueva Venezuela," en Monferma Press, 25 de junio de 2024, disponible en: https:// morfema.press/actualidad/venezuela-independiente-propone-reforma-constitucional-para-la-nueva-venezuela/

VII

LA NECESIDAD DE LA TOMA DE CONCIENCIA SOBRE EL MOMENTO CONSTITUYENTE DE 2024 PARA ASUMIRLO DESDE LA TRANSICIÓN

El panorama que resulta de lo anteriormente reseñado, en el cual se enmarca también la guerra del gobierno y del Estado contra la oposición, y cualquier líder de la misma que pueda llegar a significar una amenaza al régimen, de cualquier naturaleza, exige de los ciudadanos el que se tome real conciencia de que Venezuela está en la actualidad en un momento constituyente, incluso, figurativamente, en una situación casi como la de una postguerra (pero sin que la misma todavía haya concluido efectivamente), donde nada de lo que institucionalmente había antes de que la *kakistocracia*[154] asaltara el poder, ha quedado en pie ni está funcionando.

Todas las instituciones han sido totalmente demolidas, destruidas y degradadas. Todas, sin distinción: Poder Legislativo; Administración Pública (Ministerios, entes autónomos, empresas del Estado, fundaciones públicas); Poder Judicial;

---

[154] Véase Allan R. Brewer-Carías, *Kakistocracia depredadora e inhabilitaciones políticas: El falso Estado de derecho en Venezuela*, Colección Biblioteca Allan R. Brewer-Carías, Instituto de Investigaciones Jurídicas de la Universidad Católica Andrés Bello, No 20, Editorial Jurídica Venezolana, Caracas 2023.

Órganos de control: Consejo Nacional Electoral, Contraloría General de la República, Ministerio Público, Defensoría del Pueblo; Fuerzas Armadas.

Nunca, en toda nuestra historia política, habíamos estado en una situación similar, ni siquiera luego de las Guerras Federales. Por ello, como lo ha observado, Omar Lugo, el caso de Venezuela es digno de estudio:

> "porque es el único gran desastre provocado por equivocadas decisiones y políticas de Estado, a cargo de funcionarios incompetentes, civiles y militares, que han echado por la borda de la historia

> Las potencialidades de uno de los países más ricos en recursos naturales del mundo, con profesionales preparados y un vasto y fértil territorio."[155]

Por ello, en el caso de la destrucción total actual, la idea de la duración de los ciclos políticos, las crisis de estos, y las sucesiones de los regímenes en un tiempo cercano a una generación, a los cuales nos hemos referido varias veces,[156] y que nos enseña la historia, quizás no tiene total aplicación.

La realidad es que, en la actualidad, comparativamente en la historia, estamos, no en la situación de ruptura de un ciclo y de su crisis, sino en una situación similar a la que existió al inicio mismo de la República, después del final de las guerras de las Independencia, cuando todas las instituciones coloniales

---

[155] Véase Omar Lugo, "Lo que está en juego en las cruciales elecciones en Venezuela," en *The Objective*, 16 de junio de 2024, disponible en: https://theobjective.com/ internacional/ 2024-06-16/en-juego-cruciales-elecciones-venezuela/

[156] Véase Allan R. Brewer-Carías, "Reflexiones sobre los ciclos políticos en la Historia de Venezuela y la "apoptosis" de un régimen, que "tiene sus días contados," en *Derecho y Sociedad, Revista de la Facultad de Ciencias Jurídicas y Políticas de la Universidad Monteavila*, N° 15, Caracas, 2019, pp. 243-259; y en Usurpación Constituyente 1999, 2017. *La historia se repite: una vez como farsa y la otra como tragedia,* Colección Estudios Jurídicos, No. 121, Editorial Jurídica Venezolana International, 2018.

y republicanas iniciales habían quedado destruidas, y hubo que constituir una República. Es decir, hubo que reconstruir viejas y constituir nuevas instituciones.

Como lo ha resumido recientemente, y para el momento actual, Rafael de la Cruz, en un artículo "Tareas del gobierno de transición" publicado en el diario *El Nacional* del día 25 de mayo de 2024, en el cual ha señalado lo que tenemos por delante para hacer, indicando que hay tres temas que son especialmente urgentes: "la primera, restablecer las libertades democráticas. La segunda empezar la estabilización al país. La tercera llamar a elecciones libres y limpias:"

"Las libertades democráticas incluyen prominentemente la libertad de pensamiento y de prensa, la libertad de disentir sin ser tratado como enemigo, el respeto a los derechos políticos de todos los venezolanos, y el restablecimiento de la separación e independencia de los poderes del Estado. Esta tarea requerirá la legitimación de los poderes públicos, empezando por la elección de un Congreso donde todas las fuerzas políticas del país, incluyendo los afectos al régimen que quieran seguir haciendo política, tengan el espacio que se ganen limpiamente en elecciones libres.

La estabilización política, social y económica del país será una tarea de primera importancia que deberá empezar, aunque no acabará, el gobierno de transición. Se deberá atender la grave crisis humanitaria con un apoyo temporal a las familias con las mayores carencias; frenar la inflación con medidas tanto fiscales como monetarias sanas, y propiciar la inversión pública y privada para reanimar la economía y crear empleo. Para esto se requerirá apoyo internacional, especialmente de los organismos multilaterales como el Fondo Monetario Internacional, el Banco Mundial y el Banco Interamericano de Desarrollo. Igualmente, al gobierno de transición le tocará empezar a poner el territorio bajo el control del Estado, desplazando las mafias de narcotráfico y grupos irregulares de toda ralea. Adicionalmente, será el gobierno de transición al que le toque restablecer las relaciones internacionales con las naciones democráticas del planeta.

La estabilización y reconstrucción del país requerirán un esfuerzo sostenido por un largo período, pero en el gobierno transicional no se puede perder tiempo y se debe empezar a trabajar en esta dirección."[157]

En sentido similar, Víctor Rodríguez Cedeño ha expresado que, de triunfar la oposición en las elecciones, tendrá que venir "un momento de transición" que va a exigir, entre otras cosas:

"crear ante todo una comisión para que se establezca la verdad, lo que realmente pasó durante este periodo de fracasos, arbitrariedades y crímenes, tal como se ha planteado en diversos procesos de transición en el mundo dentro del marco de un concepto amplio y general, el de justicia transicional. La verdad y la memoria histórica, la reparación de las víctimas y la justicia, son fundamentales para avanzar hacia la estabilidad y recuperar la democracia y el Estado de derecho.

La justicia está en el centro del proceso. La sociedad y las víctimas exigen el castigo de quienes han cometido crímenes, de quienes han torturado y aplicado tratos inhumanos y degradantes, de quienes han causado tanto daño a tantos venezolanos solo por no compartir una ideología absolutamente contraria a todo y a una manera de gobernar que colide con los principios y valores que construimos durante décadas. No habrá impunidad, lo que no significa venganza, ni retaliación. Se trata de aplicar la justicia y de sancionar conforme a derecho a los autores de tales crímenes.

La transición impone también reformas legales y administrativas. Habrá que rehacer los cuerpos de seguridad para

---

[157] Disponible en: https://www.elnacional.com/opinion/tareas-del-gobierno-de-transicion/.

ponerlos al servicio de los ciudadanos, al igual que las Fuerzas Armadas que deben separarse de toda función política y centrarse en la defensa de los intereses nacionales, de nuestra integridad territorial y de nuestra soberanía. Habrá que reconstruir el Poder Judicial y el sistema de justicia nacional. Habrá que rehacer la judicatura con jueces de carrera, independientes, ajenos también al debate político, basada en la estabilidad en los nombramientos y en la carrera judicial.

Por supuesto, tendremos que rehacer también y adecuar a las nuevas realidades las instituciones del Poder Ciudadano: la Defensoría del Pueblo, la Contraloría y la Fiscalía, que tendrían que dejar de ser ejecutores sumisos de las políticas del gobierno para castigar a quienes disienten o protestan."[158]

Y como también lo ha observado Víctor Álvarez R.:

"El gobierno que resulte electo en las presidenciales del 28-J recibirá un país con graves desequilibrios macroeconómicos que contraen la producción y generan inflación, recibirá una industria petrolera en ruinas y sin recursos financieros, y un aparato productivo que no genera suficientes puestos de trabajo. Tendrá que hacerle frente al grave deterioro de los servicios públicos de agua potable, electricidad, gas doméstico, telecomunicaciones y escasez de combustibles; heredará una enorme deuda social en un país en el que los sistemas públicos de educación y salud están colapsados. Familias completas huyen del hambre en una incesante diáspora que no tiene precedentes.

---

[158] Véase Víctor Rodríguez Cedeño, "Hacia el 28 de julio y después," en *El Nacional*, 11 de junio de 2024, disponible en: https://www.elnacional.com/opinion/hacia-el-28-de-julio-y-despues/

La desesperación nacional le exigirá al nuevo gobierno resultados concretos en el primer año de gestión."[159]

Frente a esto retos, entre los graves problemas que ha de enfrentar un nuevo gobierno de triunfar la oposición en las elecciones, como lo observó Nelson Chitty La Roche, están:

"una asamblea nacional fraudulenta pero vigente con todavía un año de su mandato pendiente.

Paralelamente, el resto de los poderes públicos incluido el CNE ideologizados y medrosos del cambio que pueda arribar. Un TSJ cuyos magistrados recientemente designados fueron designados por 12 años y temerosos de que alguna circunstancia institucional pueda revisar sus ejecutorias plagadas de contravenciones a la CRBV, de infracciones y de prevaricaciones, por decir lo menos.

Un Ministerio Público cómplice de todo tipo de transgresiones y quebrantamientos de los derechos humanos, con rumores de cambio del fiscal, pero, denunciado y proclive igualmente a convertirse en reo de la justicia.

Una fuerza armada nacional que parece más del PSUV que del país, ideologizada y, hay que decirlo, devenida en la oligarquía concupiscente del chavomadurismocastrismo.

Unos cuerpos de seguridad, militares incluidos, en la mira de la CPI junto con los altos dignatarios quienes gozaron de la mayor impunidad y ahora se preguntan sobre lo que puede pasar con ellos, en especial, los que han dirigido y perpetrado delitos diversos de lesa humanidad.

---

[159] Véase Víctor Álvarez R. "¿Qué hacer entre el 28-J y el 10-E?," en *Revista Sic*, mayo 31, 2024, disponible en: https://revistasic.org/que-hacer-entre-el-28-j-y-el-10-e/

Un BCV cuyas directivas incumplieron la normativa y coadyuvaron a la administración de las finanzas públicas dolosamente, incumpliendo las normativas constitucionales y legales."[160]

Y a todo lo resumido anteriormente, hay que agregar, como tarea prioritaria, la necesidad de refinanciar la deuda externa del país que se calcula en la cantidad de US$ 184.000 millones, la cual, a juicio de Daniel Cadenas,

"es un peso gigante que se ha ido acumulando durante las últimas dos décadas, producto de una mezcla de políticas económicas erráticas, corrupción y mala administración del último auge o boom petrolero. La deuda por habitante hoy es de unos $6.800.

Ahora, con la economía colapsada y el gobierno enfrentado a un enorme reto de permanencia en el poder, Venezuela se encuentra en una encrucijada: necesita reestructurar su deuda para poder respirar, pero las dificultades para hacerlo son enormes […].

La salida del laberinto de la deuda no es fácil, pero no es imposible. Se necesita un cambio radical de mentalidad, reformas institucionales agresivas, un esfuerzo conjunto y una visión de futuro."[161]

De lo anterior resulta que, si algo es cierto, es que nada de lo que es necesario reconstruir y estructurar para configurar al Estado como un Estado democrático y social de derecho y de

---

[160] Véase Nelson Chitty La Roche, "¿Cómo desmontar el Estado PSUV? (2)", en *El Nacional*, 7 de junio de 2024, disponible en: https://www.elnacional.com/opinion/ como-desmontar-el-estado-psuv-2/

[161] Véase Daniel Cadenas, "Obstáculos para una Restructuración de la Deuda Pública Externa Venezolana. ¿Puede Salir Venezuela del Laberinto de su Deuda?," en *Venezuelan Whitepapers*, 13 de junio de 2024, disponible en: https://venezuelan whitepaper.substack.com/p/obstaculos-para-una-restructuracion?triedRedirect=true

justicia descentralizado, como lo define la Constitución de 1999, se puede lograr con una integración de los poderes públicos como los que actualmente tiene el país.

Si el régimen no daba un zarpazo final y truncaba la realización de las elecciones presidenciales de diciembre de 2024, en las cuales, el triunfo de la oposición era inevitable como consecuencia de la rebelión popular mediante el voto que se había venido gestando en el país, lo cierto es que el sólo triunfo electoral no bastaría para que se pueda pensar en producir ese cambio, porque todo el resto de los poderes públicos estaban controlados por el autoritarismo lo que impediría que dicha rebelión popular expresada mediante el sufragio se pudiera efectivamente materializar, sobre todo porque el convencimiento del triunfo de la oposición no solo era un convencimiento nacional sino internacional lo que imponía la necesidad de llevar a cabo un proceso de transición, que tenía que aceptar el régimen.

Por ello, por ejemplo, los Presidentes Lula y Petro, de Brasil y Colombia, plantearon la idea de que mediante un "plebiscito" se asegurara "garantizar para cualquiera que pierda en esas justas electorales, certeza y seguridad sobre su vida, sobre sus derechos, sobre las garantías políticas que cualquier ser humano debe tener en su respectivo país."[162]

Por supuesto, ello no podía sino interpretarse buscando que se aseguraran esas garantías a quien en su perspectiva las necesitaría, que eran Maduro y sus funcionarios, presumiendo que de realizarse elecciones "aceptables" el mismo perdería. Y así se dedujo unos días después, de lo expresado en unas declaraciones del Canciller de Colombia, Sr. Luis Gilberto Murillo,

---

[162] Véase el reportaje: "Y salvaguardar la vida y los derechos de quien salga derrotado. Petro y Lula proponen ofrecer garantías a quien pierda las «elecciones» en Venezuela," en *Gaceta.es,* 28 de abril de 2024, disponible en: https://gaceta.es/ iberosfera/dos-magistrados-del-consejo-electoral-de-colombia-senalan-a-petro-por-financiacion-ilegal-de-cam pana-20240508-2024/?scroll-event=true

quien, después de indicar que esperaban que las elecciones en Venezuela fueran "justas, obviamente competitivas, libres, y que al menos tengamos un proceso electoral aceptable," y de reiterar que estaban tratando de "ver si todos los candidatos pueden llegar a un acuerdo para brindar algún tipo de salvaguardia o garantías durante el tiempo posterior a las elecciones para que todos puedan participar libremente, y saber que después de las elecciones tendrá todas las garantías para seguir teniendo un proceso democrático muy dinámico," concluyó afirmando que se trataba de un proceso en el cual – dijo – "estamos trabajando ahora y que garantizará que tengamos una transición tranquila después de las elecciones."[163]

Una "transición tranquila después de las elecciones" solo se podía plantear, como idea, para el caso de que Maduro perdiera las elecciones, que era cuando podría haber una transición o cambio de gobierno. Así, al menos, lo interpretó el Primer Vicepresidente del Parido de gobierno, Sr. Diosdado Cabello, en su Programa semanal de TV, según la reseña publicada por *Analitica.com* y *La Patilla.com*:

> "Durante la transmisión de su programa, Cabello se mostró "sorprendido" por las declaraciones del ministro colombiano y lo acusó de ser "funcionario de EEUU". Además, dijo que las palabras de Murillo fueron "muy groseras".
>
> "¿En serio?, ¿en serio, señor canciller?, ¿quién lo mandó a hablar de eso su presidente de Colombia o su presidente de EEUU? ¿Para quién trabaja usted?, ¿quién le ha dado autorización a usted para hablar de transición en Venezuela? La única transición que hay es al socialismo", comentó.

---

[163] Véase el reportaje: "Colombia busca garantizar «una transición tranquila» en Venezuela tras las elecciones," en *Monitoreamos,* 8 de mayo de 2024, disponible en: https://monitoreamos.com/destacado/canciller-de-colombia-afirmo-que-buscan-garantizar-una-transicion-tranquila-en-venezuela

"Este es un funcionario norteamericano, porque ellos hablan aquí con la oposición de que 'el chavismo está dispuesto a hablar de una transición, porque quieren entregar'. ¿Queremos entregar? Jamás señor canciller, ocúpese de los asuntos internos de Colombia que tiene problemas que j.... parejo para que usted se esté metiendo en los asuntos internos de Venezuela. Muy grosera esa declaración, es inamistosa esa declaración, sabemos que trabaja para Estados Unidos, viene de allá, designado por ellos, por eso sacaron al anterior canciller y lo nombran a él para que ejecute estas operaciones. Estos son los entrépitos, los que no tienen nada que decir", agregó.[164]

Y ese mismo día, Cabello, ya no repitió lo que había dicho unos días antes, el 11 de abril de 2024 en el sentido de que los representantes de la oposición "Ni por las buenas ni por las malas van a volver a gobernar este país,"[165] sino que, como advertencia, después de atacar al Sr. González Urrutia, agregó claramente que *"Ni por las buenas, ni por las malas los vamos a dejar ganar."*[166]

---

[164] Véase: "Diosdado Cabello arremetió contra el Canciller de Colombia por hablar de "transición" en Venezuela,", en *Lapatilla.com*, 8 de mayo de 2024, disponible en: https://www.lapatilla.com/2024/05/08/diosdado-cabello-arremetio-contra-canciller-de-colombia-por-hablar-de-transicion-en-venezuela/. Véase igualmente en: *Analítica*, 8 de mayo de 2024, https://www.analitica.com/actualidad/actualidad-nacional /politica/cabello-arremete-contra-canciller-de-colombia-por-hablar-de-transicion-en -venezuela/; y en *Talcual,* 8 de mayo de 2024, en: https://talcualdigital.com/cabello-fustiga-a-canciller-colombiano-tras-abogar-por-transicion-tranquila-en-venezuela/ #google_vignette

[165] Véase la reseña "Diosdado Cabello: "Ni por las buenas ni por las malas; más nunca volverán a gobernar este país", en *NTN24,* 11 de abril de 2024, disponible en https://www.ntn24.com/noticias-politica/diosdado-cabello-ni-por-las-buenas-ni-por-las-malas-mas-nunca-volveran -a-gobernar-este-pais-483903

[166] Véase "Advertencia, Cabello le advierte a la oposición: "Ni por las buenas, ni por las malas los vamos a dejar ganar," en *Diario Las*

No es lo mismo decir que "no van a volver a gobernar" a que "no los vamos a dejar ganar," pues esto último claramente significa que impedirían la realización de las elecciones para evitar que la oposición las pudiera ganar, o si las mismas llegaban a realizarse, si acaso el proceso electoral pudiera ser "aceptable" en los términos referidos por el Canciller colombiano, antes mencionados, si la oposición ganaba, tampoco los iban a dejar ganar, lo que solo podían hacer torciendo la voluntad popular y el propio resultado de las elecciones, lo que no iba a ser fácil.[167]

Como lo observó el semanario *The Economist*:

"En las últimas elecciones presidenciales de 2018, Maduro se aseguró la reelección descalificando a los principales candidatos y partidos de la oposición y desalentando el voto (la participación fue del 46%). Estas elecciones parecen más complicadas para el régimen: robárselas a una oposición unida y aparentemente movilizada, y con una

---

Américas, 8 de mayo de 2024, disponible en: https://www.diariolasamericas.com/america-latina/cabello-le-advierte-la-oposicion-ni-las-buenas-ni-las-malas-los-vamos-dejar-ganar-n5356277

[167] Todo ello, por supuesto genera una gran preocupación en el ciudadano común, que no cesa, como lo explicó Oswaldo Álvarez Paz, en el sentido de que: "los tipos no entregarán el poder por las buenas. Son capaces de cualquier cosa para retenerlo. Es constante el avance de la represión, el acoso y la violencia de variada calidad en contra de cuanto se les opone y no hay claridad con relación hasta donde podrían llegar. Por eso y mucho más queremos decir que la verdadera oposición democrática esta lista y preparada para combatir en todos los escenarios." Y agregó: "Llamamos a votar. Nadie debe quedarse en su casa ese día. Todos a permanecer en su correspondiente centro de votación, atentos a las instrucciones de los encargados de coordinar las acciones. Vamos todos a votar, vamos a ganar y vamos a cobrar el triunfo. No podrán impedirlo. El cambio real y profundo que Venezuela necesita será una realidad." Véase Oswaldo Álvarez Paz, "Desde el puente: Esperanza real en un tiempo incierto," en *América 2.1*, 25 de junio de 2024, disponible en: https://americanuestra.com/oswaldo-alvarez-paz-desde-el-puente-esperanza-real-en-un-tiempo-incierto/

desilusión palpable entre muchos partidarios del gobierno, podría no ser fácil."[168]

Y ello porque como lo observó Antonio Ledezma,

"Insistir en desconocer la verdad, pretender torcer el curso de los sentimientos de una inmensa mayoría de ciudadanos que proclaman su determinación de votar a favor de un cambio profundo en Venezuela, eso, en sí, representa un acto incorrecto y amoral equivalente a un fraude que atenta contra la esperanza colectiva y las ilusiones bien fundadas de un pueblo hastiado de ilegalidades, de arbitrariedades, que no se resigna a ser víctima de la imparcialidad de entes y funcionarios que, con turbadora frialdad, se prestan para cometer engaños, para timar la fe de la gente y para estafar sus legítimas intenciones mediante trapacerías y embelecos."

Agregando que cualquier intento de torcer el resultado electoral se enfrentará con "la masiva participación de millones de electores que harán imposible taparear esa bribonada."[169]

O como lo observó Luis Manuel Aguana, "

"ahora el pueblo aun conociendo que el fraude está en plena ejecución, en lugar de abstenerse como en el pasado, ha decidido participar masivamente, advirtiéndole al régimen *"ahora atrévete a hacerlo y atente a las consecuencias"*, desafiando abiertamente y por la calle del medio su intención vulgar de quedarse en el poder por encima de la Soberanía Popular. Este es un cambio histórico nunca antes

---

[168] Véase "A new danger for Venezuela's autocrat. The regime's dilemma is rig or lose the election on July 28th," en *The Economist,* 11 July 2024, disponible en: https://www.economist.com/the-americas/2024/07/11/a-new-danger-for-venezuelas-autocrat?s=08

[169] Véase Antonio Ledezma, "Voto masivo mata fraude," en *El Nacional*, 7 de julio de 2024, disponible en: https://www.elnacional.com/opinion/voto-masivo-mata-fraude/

visto en la conducta de los ciudadanos en su apego por la democracia."[170]

Por otra parte, como lo observó Carlos Malmud:

"en medio de la profunda crisis de todo orden que vive el país, con un gobierno cada vez más desacreditado, desconocer el sentido del voto popular puede tener un precio enormemente elevado para el presidente y sus principales seguidores.

Un precio que habría que pagar tanto dentro del país como ante de buena parte de la comunidad internacional."[171]

---

[170] Véase Luis Manuel Aguana, "El fraude como hecho político,"18 de julio de 2024, disponible en: https://ticsddhh.blogspot.com/2024/07/el-fraude-como-hecho-politico.html

[171] Véase Carlos Malmud, "Maduro ante un reto mayúsculo," en *El Nacional,* 20 de junio de 2024, disponible en: https://www.elnacional.com/opinion/maduro-ante-un-reto-mayusculo/u. Sobre este tema, el profesor Benigno Alarcón, en entrevista publicada en el diario *ABC* de Madrid, el 25 de junio de 2024, expresó: "–¿Usted ve a Maduro entregando el poder por las buenas o por las malas? No entregar implica que todos los que están con ellos tienen que plegarse incondicionalmente a no entregar el poder y yo ahí lo veo más complicado. –¿Qué haría Maduro? –Creo que Maduro tendría la tentación de negar el resultado, pero que hay actores, inclusive institucionales, que le dirían «hasta aquí llego yo». No veo a la Fuerza Armada diciendo «estamos dispuestos a llevarnos el país por el medio» para decir que Maduro ganó la elección, cuando todo el mundo va a saber que perdió. Porque hay mecanismos para comprobar que perdió. –¿El alto mando podría dar un golpe? –No veo al alto mando desconociendo los resultados de la elección. Lo van a reconocer. Hay que recordar que en el 2015 cuando el Gobierno perdió las parlamentarias, el ministro de la Defensa Vladimir Padrino López, junto al alto mando, reconocieron los resultados." Véase Ludmila Vinogradof, "Benigno Alarcón, Los aliados de Maduro no van a inmolarse por él si pierde las elecciones, en diario *ABC* Internacional, 24 de junio de 2024, disponible en: https://www.abc.es/internacional/benigno-alarcon-aliados-maduro-van-inmolarse-pierde-20240624195045-nt.html?ref=https%3A%2F%2Fwww.abc.es%2Finternacional%2Fbenigno-alarcon-aliados-maduro-van-inmolarse -pierde-20240624195045-nt.html

Y así, por ejemplo, lo observó el Editorial del diario *The Washington Post* del 11 de julio de 2024:

"Para Maduro, una pérdida significaría no sólo la destitución del cargo, sino también el fin de la riqueza y el poder que surgen de ser miembro de un régimen conocido por su espectacular corrupción. Lo mismo ocurre con la élite que lo rodea y depende de él para sus privilegios. Al final de la campaña, podría verse tentado a abortar la votación mediante la fuerza bruta o declararse ganador cuando no lo es. Cualquiera de las dos opciones sería desastroso para el pueblo venezolano y para todo un hemisferio que necesita desesperadamente un resultado político estable en esta nación estratégica. Las fuerzas militares y de seguridad desempeñarán un papel clave; pero nadie puede estar seguro de si defenderían a Maduro contra el pueblo o desertarían en lugar de resistir las abrumadoras demandas populares de cambio."[172]

Además, si ello ocurriese, "si le cierran todas las ventanas a María Corina Machado" y truncan la voluntad popular del pueblo en rebelión que quiere expresarse mediante el voto,[173] en

---

[172] Véase el Editorial: "For Venezuela, a ray of light. Give the opposition a free and fair election," *The Washington Post*, 10 de julio de 2024, disponible en: https://www.washingtonpost.com/opinions/2024/07/10/venezuela-opposition-resurgent/

[173] Parafrasenado a la propia líder María Corina Machado, conforme a lo que expresó en un Programa con el exPresidente Iván Duque de Colombia a comienzos de mayo de 2024, la magnitud de la "fuerza democrática" y de la "fuerza social" que la respalda y que se ha "desplegado y configurando" bajo su liderazgo, "no es común" en la historia reciente del país, es "exponencial" y "transversal," por lo que si llega a expresarse electoralmente como es el deseo y voluntad general, si el régimen llegase a "pretender quedarse en el poder," torciendo dicha voluntad, ello seria "devastador" tanto para Venezuela como para "los países de la región." "El país no lo va a tolerar;" y los militares que serán testigos pues van a ver "con sus propios ojos la magnitud del movimiento cívico," solo tienen que "cumplir con la Constitución."

todo caso, se corría el riesgo, como lo expresó Rubén Chirinos de *Meganalisis*, de que "podrían despertar un monstruo en el país."[174]

Como lo analizó Luis Manuel Aguana a comienzos de julio de 2024:

"Si el régimen decide cambiar los resultados que percibimos desde ya en toda Venezuela, a favor de la opción que representa a MCM y el candidato EGU, nos encontraremos muy probablemente frente a una rebelión popular. Pero esta no sería la primera vez que los venezolanos nos rebelamos pacíficamente ante una situación que consideramos lesiva a nuestros intereses y la Constitución."

Agregando que el 28 de julio, el pueblo, en ejercicio de su derecho a la participación política:

Véase lo expuesto en el *Programa "Tres Respuestas con Iván Duque"*, 8 de mayo de 2024, Podcast, disponible en Youtube: https://www.youtube.com/watch?v=_4aflcKgLE4. Por ello Luis Manuel Aguana recuerda que en definitiva, "Los militares serán quienes en definitiva decidirán el curso de los acontecimientos," confiando que "respalden al pueblo venezolano comprobando las urnas electorales, si eso se hace necesario, para verificar si lo que dice el CNE se corresponde con la realidad, " ante "una rebelión cívico-electoral pacífica del pueblo venezolano, exigiendo el conteo de todas y cada una de las boletas emitidas, en todas las mesas de todos los centros del país, en caso de que el resultado no se corresponda con lo que ha visto Venezuela en las calles, al paso de María Corina Machado y Edmundo González Urrutia, versus el repudio demostrado a Maduro y sus cómplices en todo el país. Los militares deben ser los primeros en acompañar eso para comprobarlo." Véase Luis Manuel Aguana. El 28J y el cáncer de la Revolución Bolivariana," 15 de julio de 2024, disponible en: https://ticsddhh.blogspot.com/2024/07/el-28j-y-el-cancer-de-la-revolucion.html

[174] Véase el reportaje de la entrevista de Rubén Chirino con Nitu "Si le cierran todas las ventanas a María Corina Machado, podrían despertar un monstruo en el país": Rubén Chirino de Meganálisis en entrevista con Nitu," en *Morfema Press*, 3 de junio de 2024, disponible en: https:// morfema.press/actualidad/si-le-cierran-todas-las-ventanas-a-maria-cori na-machado-podrian-despertar-un-monstruo-en-el-pais-ruben-chirino-de-meganalisis-en-entrevista-con-nitu/

"con lo único que cuenta para defenderse de un poder que lo sobrepasa, es una rebelión cívico-electoral ante cualquier resultado que no se corresponda con la realidad que todos hemos percibido en las calles de Venezuela."[175]

En esta situación, unas semanas antes de la realización de las elecciones, por tanto, las hipótesis y escenarios que estaban planteados ante esas manifestaciones del régimen eran múltiples, tal como por ejemplo quedó reflejado en artículo publicado en el *The New York Times* por Julie Tukkewitz y Anatoly Kurmanaev, al indicar que en ellas Maduro "enfrentará su desafío electoral más difícil desde que asumió el cargo en 2013," agregando lo siguiente:

"Las encuestas muestran que su principal oponente, un ex diplomático de bajo perfil Edmundo González, está muy por delante.

González cuenta con el respaldo de una feroz líder de la oposición, María Corina Machado, quien ha cautivado a los votantes mientras recorre el país, haciendo campaña por él con la promesa de restablecer la democracia y reunir a las familias separadas por la migración.

Del otro lado está Maduro, un hábil operador político que durante años ha superado su impopularidad inclinando las urnas a su favor. Podría usar las mismas tácticas para obtener otra victoria.

Sin embargo, hay una *wild card* (comodín): también podría perder, negociar una salida pacífica y entregar el poder.

Pocos venezolanos esperan que haga eso. En cambio, analistas políticos, expertos electorales, figuras de la oposición y cuatro ex altos funcionarios del gobierno de Maduro

---

[175] Véase Luis Manuel Aguana, "Rebelión cívico-electoral,", 5 de julio de 2024, disponible en: https://ticsddhh.blogspot.com/2024/07/rebelion-civico-electoral.html

entrevistados por *The New York Times* creen, con base en sus antecedentes anteriores, que probablemente esté considerando múltiples opciones para retener el poder.

El gobierno de Maduro podría descalificar a González, o a los partidos que representa, dicen, eliminando a su único rival serio de la contienda.

Maduro podría permitir que la votación siga adelante, pero basado en años de experiencia en la manipulación de elecciones a su favor para suprimir la participación, confundir a los votantes y, en última instancia, ganar.

Pero también podría cancelar o posponer la votación, inventando una crisis –una disputa fronteriza latente con la vecina Guyana es una opción– como excusa.

Finalmente, Maduro podría simplemente arreglar el conteo de votos, dicen analistas y figuras políticas.

Eso sucedió en 2017, cuando el país celebró una votación para seleccionar un nuevo órgano político para reescribir la Constitución. La empresa que proporcionó la tecnología de votación, Smartmatic, concluyó que el resultado había sido manipulado "sin ninguna duda", y que el gobierno de Maduro reportó al menos un millón de votos más de los que realmente se habían emitido (Smartmatic cortó lazos con el país)."[176]

De manera que, como lo apuntó Pedro Mario Burelli, ciertamente, en la situación en la cual estamos "todo es factible, aun

---

[176] Véase Julie Tukkewitz and Anatoly Kurmanaev, "Venezuela's Leader could prevail. No. Matter What Voters Want," *The New York Times*, 27 June 2024, p. A-4. Igualmente, por ejemplo, dos días antes, Ludmila Vinogradoff tituló un artículo publicado en el diario ABC de Madrid, así: "Maduro se debate entre el golpe militar, una transición negociada o el fraude electoral," en *ABC* Internacional, 25 de junio de 2024, disponible en: https://www.abc.es/internacional/maduro-debate-golpe-militar-transicion-negociada-fraude-20240625211813-nt.html

lo que hoy parece improbable o imposible," y que "lo que hoy parece improbable puede volverse realidad de un momento a otro."[177]

Pudiendo por tanto ocurrir, tanto que las elecciones se efectúen efectivamente, como que se impidiera que las elecciones se realizaren; teniendo en cuenta que, en ambas hipótesis, el marco del país es precisamente el momento constituyente en el cual se encuentra.

En caso de realizarse las elecciones programadas para el 28 de julio, oportunidad en la cual, como lo observó Víctor Salmerón: "tras 25 años en el poder el chavismo enfrenta su mayor riesgo electoral,"[178] el momento constituyente que existe en 2024, como debe ocurrir, tendrá que imponer que una vez realizada la elección presidencial y se materializare el triunfo del candidato de la oposición Edmundo González Urrutia con la fuerza de la conducción popular de María Corina Machado, dado que como González lo dijo, el gobierno debe "entender que tenemos una nueva realidad en el país,"[179]

---

[177] ¿Véase Pedro Mario Burelli, Tirará la Toalla Nicolás Maduro?, en X, 18 de junio de 2024, disponible en: https://x.com/pburelli/status/1803407153140539718

[178] Víctor Salmerón además expresó, con razón, que "La subestimación de la capacidad de la oposición para persistir en la ruta electoral y la sobreestimación de las habilidades de Maduro para aumentar su apoyo en la campaña, han creado un escenario donde no es descartable el inicio de una transición." Véase en Víctor Salmerón,: tras 25 años en el poder el chavismo enfrenta su mayor riesgo electoral," en *Gerentesis,* 6 de julio de 2024, disponible en: https://www.gerentesis.com/post/tras-25-años-en-el-poder-el-chavismo-enfrenta-su-mayor-riesgo-electoral

[179] En entrevista con el periodista Kejal Vyes, dijo: "que su campaña promueve la reconciliación nacional. "Podríamos tener una situación aquí en la que la magnitud de nuestra victoria sea tan amplia que el gobierno entienda que tenemos una nueva realidad en el país". El próximo período presidencial no comienza hasta enero. "Vamos a tener que sentarnos con ellos y ver cómo responde el gobierno". Véase Kejal Vyas, "Little-Known Retiree Challenges Venezuelan Strongman," en *The New York Times*, 0 de julio de 2024, p. A-16.

tendría que iniciarse un proceso de transición democrática para que el nuevo gobierno asuma la conducción del país.[180]

Como lo expresó la Conferencia Episcopal Venezolana en su Exhortación Pastoral "Caminar Juntos con Esperanza" del 11 de julio de 2024:

"En el próximo período de gobierno hay retos de primer orden para quien salga elegido: la reinstitucionalización del Estado y del País, promover la separación de poderes del Estado, la promoción y respeto a los derechos humanos, el diseño de una nueva economía que genere puestos de trabajo y salario digno, el mejoramiento de la calidad de los servicios públicos, reconfigurar el sistema educativo, sabiendo que la clave de todo progreso está en la educación humanizadora, fortalecer el sistema de salud para una atención digna y eficaz a los enfermos, luchar contra la pobreza y la corrupción, promover el respeto a las libertades ciudadanas y de expresión."[181]

Sin embargo, dado lo complejo de la situación que vive el país, inmerso en un momento constituyente por la ruina de todo el país y de sus instituciones democráticas, es claro que el liderazgo democrático tendrá que entender claramente, que particularmente para asumir todas esas tareas de reconstrucción y reinstitucionalización, que ningún cambio en la dirección del país podrá lograrse, como hubiera podido ocurrir en otros tiempos,

---

[180] Es el escenario que como a todo el mundo democrático, como lo indica Eduardo Fernández, es más le gustaría a que ocurra. Véase Eduardo Fernández, "Escenarios," 8 de julio de 2024, disponible en: https://www.radarmailer2.me/radarweb/html/radarsystems2/boletines/ifedec/Opinion%20EF%2008%2007%202024.html

[181] Véase el texto adoptado en la CXXII Asamblea Ordinaria Plenaria del Episcopado Venezolano, disponible en: https://conferenciaepiscopalvenezolana.com/exhortacion-pastoral-caminar-juntos-con-esperanza/

con el solo cambio de Presidente, sin que se asuma en paralelo un proceso constituyente.[182]

Ahora se trata de la reconstrucción del Estado de derecho, de su reinstitucionalización, y de la "redemocratización" de su funcionamiento,[183] lo que exige prioritariamente renovar popularmente la composición de los Poderes Públicos. Es decir, siendo en este caso, el cambio, un resultado directo de la rebelión popular que busca expresarse mediante el sufragio, y teniendo que materializarse el cambio, como lo destacó Nelson Chitty La Roche: "¡Todo dentro de la Constitución y nada fuera de ella,"[184] tratándose de un momento constituyente, ello impone que el mismo se debe asumir conforme a la Constitución.

---

[182] El periodista Carlos Ramiro Chacín, en reportaje sobre entrevista con Edmundo González Urrutia, expresó que éste *"no descartó llamar a una constituyente si gana en las elecciones presidenciales* del 28 de julio", […] "la oposición ya ha elaborado varias propuestas para el proceso de reinstitucionalización del país. […] Ahí se abre un abanico de opciones que incluye: una constituyente, otros hablan de recortar el periodo presidencial." Véase Carlos Ramiro Chacín. "Edmundo González no descarta llamar a una constituyente si gana el 28J," en *Caraota Digital*, 28 de mayo de 2024, disponible en: https://www.caraotadigital.net/venezuela/edmundo-gonzalez-no-descarta-llamar-a-una-constituyente-si-gana-el-28j/

[183] Para ello, por ejemplo, Merino J. González R, plantea la necesidad de un acuerdo político entre las fuerzas democráticas antes de la elección presidencial del 28 de julio, para establecer las bases para dicha redemocratización ("democracia plena"), a los efectos de "realizar cambios sustantivos para mejorar la cobertura de la población con derecho a elegir y la transparencia electoral, garantizar la mayor libertad de asociación, y la más amplia libertad de expresión. También se deben implementar modificaciones institucionales y legales para garantizar la igualdad ante la ley, los controles judiciales del poder ejecutivo, y los controles legislativos del poder ejecutivo." Véase Merino J. González R., "Diez lecciones para la redemocratización de Venezuela," en *Tal cual*, 10 de julio de 2024, disponible en: https://talcualdigital.com/diez-lecciones-para-la-redemocratizacion-de-venezuela-por-marino-j-gonzalez-r/

[184] Ello porque: "Todos deben tomar conciencia de lo que está en juego y que no es otra cosa que la paz social y el destino de la patria que, hoy languidece en manos de quienes la saquearon, burlaron y humillaron.

Como lo resumió Carlos Malmud, no hay que olvidar, que un triunfo de la oposición se daría:

"en un contexto en el que el oficialismo tiene un control prácticamente absoluto del Parlamento, de la Justicia y de *la autoridad electoral*. Semejante dominio podría llegar a esterilizar la capacidad de acción de un futuro gobierno alternativo, vaciando el cargo de competencias e incluso dejándolo sin presupuesto."[185]

Para ello, hay que recurrir el mecanismo constitucional que está establecido en la Constitución para materializar democráticamente el momento constituyente (a diferencia de lo que ocurrió en 1999 con una Asamblea Constituyente instalada violándose la Constitución, y que se impuso a los ciudadanos), a los efectos de que, además de permitir la renovación electoral de los poderes públicos, se pueda modificar puntualmente el texto constitucional, como antes se dijo, por ejemplo, restablecimiento de la bicameralidad en el régimen del Poder Legislativo; eliminando la reelección indefinida del Presidente de la República y de los otros funcionarios electos; reduciendo el período del Presidente de la República; restableciendo la sujeción del componente militar a la autoridad civil, volver a establecer su obligación de mantener la democracia y su carácter apolítico y no deliberante; y reforzando el proceso de descentralización política de la Federación, restableciendo la autonomía de los Estados y Municipios y restableciendo las Juntas Parroquiales, dándoles a las mismas la coordinación de los Consejos Comunales.

Cada uno que actúe de acuerdo con su deber y entretanto, sigue definiéndose el destino de un país que no mereció el imperio de la demagogia, la corrupción, la ineptitud y especialmente, la irresponsabilidad." Véase nelson Chitty La Roche, "Sin constitucionalidad no habrá paz" en *El Nacional*, 5 de julio de 2024, disponible en: https://www.elnacional.com/opinion/sin-constitucionalidad-no-habra-paz/

[185] Véase Carlos Malmud, "Maduro ante un reto mayúsculo," en *El Nacional*, 20 de junio de 2024, disponible en: https://www.elnacional.com/opinion/maduro-ante-un-reto-mayusculo/

Y, además, convocar nuevas elecciones generales a los efectos de lograr rehacer, barrer, reconstituir y constituir una nueva estructura institucional, con respaldo popular, que comience a sustituir el bando destructivo o *kakistocracia* que ha venido controlando el poder y que ha sido el responsable de la conducción de la guerra contra el país y de la consecuente destrucción del mismo.

Ese momento constituyente, por tanto, implica la necesidad de estar preparados, como advirtió Miguel Henrique Otero, "para iniciar, de inmediato, la reconstrucción de la nación arruinada. Y aprovechar que la energía del cambio estará intacta después del 28J,"[186] lo que en mi criterio significa, quiérase o no, y siguiendo una saga histórica que a los venezolanos no nos ha abandonado en toda nuestra historia constitucional,[187] que, para la opción de la transición hacia la democracia, en la agenda del futuro próximo del país ya deberíamos tener "anotada" la necesidad de hacer que el pueblo como poder originario tome la iniciativa de convocar el necesario proceso constituyente.[188]

---

[186] Véase Miguel Henrique Otero, "¿Estamos listos para el triunfo electoral del 28J?," en *El Nacional*, 16 de junio de 2024, disponible en: https://www.elnacional.com/opinion/estamos-listos-para-el-triunfo-electoral-del-28j/

[187] Véase Allan R. Brewer-Carías, "Las Asambleas Constituyentes en la historia de Venezuela," en *El Universal*, Caracas 8 de septiembre de 1998, p. 1-5; y en *Historia Constitucional de Venezuela*, 2 vols, Editorial Alfa, Caracas 2008.

[188] De allí, por ejemplo, la propuesta de Luis Manuel Aguana "de convocatoria al pueblo a una Asamblea Nacional Constituyente, por iniciativa popular, de la mano del liderazgo político que saldrá victorioso el 28J, utilizando la inercia electoral de la elección presidencial. Cualquier parecido con la realidad venezolana de 1999 *no es pura coincidencia*. Se requerirá de esa decisión en ese preciso momento para poder cambiar constitucionalmente la realidad política del país que se nos ha impuesto por 25 años. Eso fue precisamente lo que hizo Hugo Chávez Frías para cambiar la realidad de Venezuela, y nosotros debemos hacer lo mismo." Véase Luis Manuel Aguana. El 28J y el cáncer de la Revolución Bolivariana," 15 de julio de 2024, disponible en: https://

Por ello, Luis Beltrán Guerra observaba, con razón, a comienzos de julio de 2024, que:

"A las venideras elecciones presidenciales en Venezuela ha de vérselos como los toques de puerta al "constituyente," el cual pareciera caracterizarse por "no rendirse."[189]

Pero no, por supuesto, se insiste como ocurrió en 1999, ni para enfrascarse en discusiones para sancionar una "nueva" Constitución que sustituya la de 1999, que no sería el objetivo (salvo, por ejemplo, las modificaciones puntuales inmediatas como las que antes se han mencionado), sino para asegurar le vigencia inmediata de la misma, mediante la renovación por vía electoral de la composición de todos los poderes públicos, para efectuar la reconstrucción y reconstitución política e institu-cional del país, con base en consensos democráticos, porque como se ha dicho, todo ha sido destruido.[190] Y es precisamente mediante un mecanismo constituyente como se puede materializar lo que sugería Maxim Ross en el sentido de que:

"la construcción de ese consenso provenga del liderazgo que representa y simboliza María Corina y que se capitalice en un Gran Consenso por Venezuela que involucre a toda la sociedad civil venezolana, representada en sus universidades, los gremios empresariales y profesionales, las asociaciones de vecinos, las comunidades organizadas, las ONG constituidas y aquellas instituciones que tienen el rango

---

ticsddhh.blogspot.com/2024/07/el-28j-y-el-cancer-de-la-revolucion.
html

[189] Véase Luis Beltrán Guerra, "La Constituyente nunca muere" en *Panampost*, 6 de julio de 2024, disponible en: https://panampost.
com/luis-beltran/2024/07/06/el-constituyente-nunca-muere/

[190] Véase, por ejemplo, en sentido coincidente, en Eduardo Fernández, "Reconstrucción," Caracas, 7 de julio de 2023, en https://www.ra-darsystems.net:8080/boletines/ifedec/Opinion EF 07-07-2023.html; y Fernando Luis Egaña, "Reconstrucción", en *El Nacional*, 8 de julio de 2023, disponible en: https://www.elnacional.com/opinion/ reconstruc-cion-2/T

mayor de reunir a los venezolanos en un credo, en una religión. La suma, pues, de toda Venezuela."[191]

Para quienes todo lo han destruido en el país, por supuesto, es difícil que acepten que tienen que ceder el poder, lo que lamentablemente disipa, en la práctica, que se pueda proceder a una transición hacia la democracia solo con base en "acuerdos,"[192] y menos con acuerdos convocados por "decreto,"[193] particularmente con la experiencia de tantos "acuerdos" suscritos en el pasado entre el gobierno y oposición, que han sido descaradamente violados.

Lo cierto es que estamos de nuevo en un momento constituyente con la misma disyuntiva que se ha dado en otras ocasiones de nuestra historia y es que, si el liderazgo democrático no entiende ni asume el proceso constituyente necesario como consecuencia del impulso de la rebelión popular mediante el sufragio programado para julio de 2024, se correría el riesgo de que el mismo lo asuma el propio régimen depredador y su *clepto-kakistocracia,* pero solo para asegurar su continuidad y permanencia en el poder, y para ello, terminar de acabar con todo lo que podría significar libertad y democracia, quizás "reviviendo" de nuevo el fantasma del Estado Comunal o del Poder Popular.

---

[191]   Véase Maxim Ross, "Del líder y del consenso," en *La Gran Aldea*, 17 de junio de 2024, disponible en: https://lagranaldea.com/2024/06/17/del-lider-y-del-consenso/C

[192]   Véase por ejemplo el reportaje de Carlos Hernández: "Luis Vicente León: "Salga sapo o salga rana" tras presidenciales, se debe negociar. León destacó que se trata de una "oportunidad de oro para el país", que solo se puede concretar "con un acuerdo de convivencia pacífica y co-existencia, independientemente de quién gane las elecciones del 28 de julio. De lo contrario no es posible ni soñar con la reestabilización del país," en *Versión Final*, 1 de junio de 2024, disponible en https://versionfinal.com.ve/politica-dinero/luis-vicente-leon-salga-sapo-o-salga-rana-tras-presidenciales-se-debe-negociar/

[193]   Véase el anuncio de Nicolás Maduro en el reportaje: "Maduro plantea un diálogo nacional como su primer decreto luego de las elecciones," en *El Nacional*, 11 de julio de 2024, disponible en: ttps://www.elnacional.com/venezuela/maduro-plantea-un-dialogo-nacional-como-su-primer-decreto-luego-de-las-elecciones/

Y así, en relación con esto, ya en la prensa del 2 de junio de 2024, se comentaba dicha "revivencia," incluso por vía "legislativa," mediante la sanción clandestina (porque ninguna consulta ni popular ni de cualquier otro índole se efectuó, como lo manda la Constitución), de una reforma de la Ley Orgánica del Poder Popular aprobada el 28 de mayo de 2024, para supuestamente "despojar a la presidencia de la República de sus atribuciones" al imponer al Poder Popular por encima del Estado Constitucional, al declarar a sus órganos como "la máxima instancia,"[194] todo lo cual, por supuesto, sería totalmente inconstitucional. Incluso se anunció que dicha Ley había sido promulgada por el Presidente de la República, sin que el texto, al menos hasta la segunda semana de julio de 2024, se hubiera conocido públicamente.[195] Lo único que se ha conocido ha sido un anuncio el 6 de julio, de Nicolás Maduro, de la convocatoria a una

---

[194] Véase Hernán Lugo-Galicia, "Si el chavismo pierde, le queda la Asamblea Nacional para afectar al gobierno de Edmundo González con el llamado Poder Popular." En *El Nacional*, 2 de junio de 2024. En la reseña periodística se cita al diputado Carlos Mogollón, indicándose que dio pistas de la reforma: "La ley intenta que el Poder Popular mantenga el control sectorial y territorial del país y la clave está en la relación entre las comunas y el Estado. 'Los cinco poderes estarán subordinados al Poder Popular, bajo el principio del chavismo de 'mandar obedeciendo'. Un gobierno obedeciendo, desde el portero de un ministerio." Disponible en: https://www.elnacional.com/venezuela/si-el-chavismo-pierde-le-queda-la-asamblea-nacional-para-afectar-al-gobierno-de-edmundo-gonzalez-con-el-llama do-poder-popular/ Véase igualmente sobre esta reforma: Omar Estacio, "Golpe de Estado en Venezuela a partir del próximo 28 de julio," en *Diario Las Américas*, 3 de junio de 2024, disponible en: https://www.diariolasamericas.com/opinion/golpe-estado-venezuela-partir-del-proximo-28-julio-n5357668

[195] Así se informó en el portal oficial del Ministerio de del Poder Popular de las Comunas y de los Movimientos Sociales, 6 de junio de 2024, Disponible en: https://www.comunas.gob.ve/2024/06/06/presidente-maduro-promulgo-ley-organica -del-poder-popular/

"consulta popular" para el 25 de agosto de 2024, sobre proyectos comunales.[196]

La otra hipótesis es que, como lo expresó Diosdado Cabello, que no dejaran ganar a la oposición, ejecutando la "sentencia" que había dictado en mayo de 2024 al expresar: *Ni por las buenas, ni por las malas los vamos a dejar ganar,*"[197] siendo la fórmula más simple para ello, impedir que la elección presidencial programada para julio de 2024 se pudiera realizar. Es la forma más directa para impedir que la voluntad popular se pueda expresar, particularmente ante una segura derrota abrumadora para el gobierno.

Para ello, en la opinión se han mencionado varias alternativas, y entre ellas, por ejemplo, que con ocasión del diferendo con Guyana se creara una situación conflictiva que pudiera ser utilizada por el Presidente de la República para decretar un estado de excepción, durante el cual, no podría haber elecciones. Pero crear un conflicto con Guyana, para "justificar" la suspensión de las elecciones, después del fracaso del referendo consultivo sobre la Guayana Esequiba de finales de 2023, no es tarea fácil, particularmente por el apoyo internacional que en el diferendo había acumulado Guyana, y el aislamiento en el cual, en contraste y lamentablemente, se encuentra Venezuela.

Más recientemente, en otra orientación, el 8 de julio de 2024, el Ministro de la Defensa informó oficialmente sobre supuestos planes de ataques de grupos irregulares colombianos combinados con grupos de "ultraderecha" de Venezuela contra las instituciones del país y contra "la integridad física" del Jefe

---

[196] Véase el discurso de Nicolás Maduro en Barquisimeto, 6 de julio de 2024, disponible en: https://search.app/b9rtCD57CWHWdJSt8

[197] Véase "Advertencia, Cabello le advierte a la oposición: "Ni por las buenas, ni por las malas los vamos a dejar ganar," en *Diario Las Américas,* 8 de mayo de 2024, disponible en: https://www.diariolasame ri-cas.com/america-latina/cabello-le-advierte-la-oposicion-ni-las-buenas -ni-las-malas-los-vamos-dejar-ganar-n5356277

de Estado,[198] lo que de seguidas motivó al Fiscal General de la República a expresar su intención de "desarrollar una investigación conjunta con Colombia."[199] Se trataba del recurrente argumento sobre la existencia de intentos de "magnicidios" o de sabotaje de, por ejemplo, la "infraestructura eléctrica," que podía servir para justificar nuevas persecuciones o situaciones de emergencia, pero de algo sobre lo cual, al menos en Colombia nada se sabía.[200]

---

[198] El Comunicado indica que la Fuerza Armada "rechaza contundentemente las nefastas pretensiones de la ultraderecha venezolana, hechas del conocimiento público por parte de un grupo de paramilitares denominado Autodefensas Conquistadoras de la Sierra Nevada, que opera de manera ilegal en la hermana República de Colombia. Tales intenciones comportan actos de sabotaje a la infraestructura de los servicios básicos nacionales; atentados contra la integridad física del ciudadano Nicolás Maduro Moros, Presidente Constitucional de la República Bolivariana de Venezuela, nuestro Comandante en Jefe; socavar la estabilidad del sistema de gobierno. "Véase "Comunicado Oficial" publicado en el sitio web del Ministerio de la defensa, 8 de julio de 2024, disponible en: http://www.mindefensa.gob.ve/mindefensa/2024/07/08/comunicado-oficial-del-ciudadano-de-la-fanb-en-rechazo-a-los-intentos-de-sabotaje-y-desestabilizacion-por-parte-de-grupos-paramilitares-colombianos-en-contra-de-la-soberania-territorial-venezolana-y-l/ Véase el texto en la cuenta X personal del Ministro de la Defensa:https://x.com/vladimirpadrino/status/1810347686580621777?s=12

[199] Véase "Tarek William Saab denuncia otro "complot" para atentar contra Maduro desde Colombia," en *El Espectador*, 8 de julio de 2024, disponible en: https://www.elespectador.com/mundo/elecciones-venezuela-2024/tarek-william-saab-denuncia-otro-complot-para-atentar-contra-maduro-con-paramilitares-de-colombia/ Véase sobre el grupo irregular "Autodefensas Conquistadoras de la Sierra Nevada" la información preparada por la *ONG: SAGA* en https://saga.unodc.org.co/es/autodefensas-conquistadores-de-la-sierra-nevada

[200] El Comandante General del Ejército colombiano Luis Emilio Cardozo, en todo caso, el 10 de julio de 2024 declaró que "no tienen conocimiento sobre un plan de grupos paramilitares en Colombia para atentar contra el presidente de Venezuela, Nicolás Maduro." Disponible en: https://x.com/elpoliticove/status/1811149395632468089?s=48&t=sPzqa Pxv LLphOe36C6A8-g

Entre otras alternativas que se han discutido igualmente en la opinión, esta la de que se podría utilizar al Tribunal Supremo, por ejemplo, para anular la candidatura del candidato de oposición Sr. González Urrutia, con cualquier excusa construida en la madeja electoral,[201] lo que implicaría que en el proceso electoral solo participase el Sr. Maduro, y los otros múltiples candidatos que hay y que no tienen respaldo de ninguna naturaleza, asegurando el triunfo del candidato oficialista.[202] No es una "solución" que pudiera ser aceptada por nadie, y más bien podría implicar que el monstruo de la rebelión popular se manifestase.

De allí que la otra hipótesis es pura y simplemente que las elecciones no se lleguen a realizar, pero no por decisión del Presidente de la República, que es candidato en las mismas, sino mediante una decisión judicial adoptada por el sumiso Tribunal Supremo que las impide.

Ello, por supuesto, no disiparía el riesgo de que la rebelión popular que quiere manifestarse mediante el voto en respaldo de la oposición se pudiera tornar igualmente en un monstruo incontenible, con resultados impredecibles; y tampoco cambiaría en

---

[201] Desde mayo de 20243 estaba pendiente de decisión la solicitud del Sr. Luis Ratti, quien luego se postuló de candidato en las elecciones presidenciales, formulada ante la sala Constitucional del Tribunal Supremo, de anulación de tarjeta de la Mesa de la Unidad Democrática (MUD) para dichas elecciones presidenciales, que respaldaba la candidatura de Edmundo González Urrutia. Véase "Luis Ratti acudió al TSJ para solicitar nulidad de tarjeta de la MUD por doble militancia," en *Tal cual*, 18 de mayo de 2024, disponible en: https://talcualdigital.com/luis-ratti-acudio-al-tsj-para-solicitar-nulidad-de-tarjeta-de-la-mud/

[202] Como lo resumió Carlos Malmud, Maduro "podría suspender la elección, aduciendo una razón de fuerza mayor, como, por ejemplo, el inicio de hostilidades bélicas en el Esequibo (unas hostilidades que, obviamente, originaría el propio gobierno). En esta misma línea, bien el Parlamento o bien la justicia electoral podrían inhabilitar la candidatura opositora de González, aduciendo el pretexto más nimio y desnaturalizando la contienda electoral." Véase Carlos Malmud, "Maduro ante un reto mayúsculo," en *El Nacional*, 20 de junio de 2024, disponible en: https://www.elnacional.com/opinion/maduro-ante-un-reto-mayusculo/

absoluto la situación del momento constituyente en el cual se encuentra el país, con un Estado y régimen agotado y colapsado.

En todo caso, asomando hacia esa senda ignota, una diligencia, que podría provocar ese golpe a la voluntad popular, se habría iniciado el día 19 de junio de 2024, al conocerse que un diputado oficialista (Jaime González), actuando en nombre de uno de los partidos políticos que antes había sido de oposición (COPEI), pero que era de los que habían sido secuestrados por el Tribunal Supremo de Justicia, presentó ante la Sala Constitucional de dicho Tribunal una acción de amparo constitucional en defensa de intereses colectivos y difusos de la Nación y del Estado venezolano, "en contra de las medidas coercitivas unilaterales ilegales y criminales impuestas por el gobierno de los Estados Unidos de América y sus aliados," solicitando al Tribunal que dictase una:

"medida cautelar innominada de suspensión temporal de todos los procesos electorales nacionales, regionales y municipales que estén pendientes legal y constitucionalmente incluidas las elecciones presidenciales previstas para el 28 de julio del corriente año 2024, hasta que cesen todas y cada una de las medidas coercitivas unilaterales, hostiles, leyes ordenes ejecutivas, decretos, embargos y otras no descritas de agresión, que le han sido impuestas tanto a la República Bolivariana de Venezuela, al gobierno nacional como a personas bienes, buques, aeronaves y recursos financieros confiscados por el gobierno de los Estados Unidos de América y algunos de sus socios."[203]

---

[203] Véase "Un diputado "alacrán" del Copei robado pidió al TSJ que suspenda la elección presidencial hasta que EEUU levante las sanciones," en Morfema Press, 19 de junio de 2024, disponible en: https://morfema.press/actualidad/un-diputado-alacran-del-copei-robado-pidio-al-tsj-que-suspenda-la-eleccion-presidencial-hasta-que-eeuu-levante-las-sanciones/. También en: https://twitter.com/polianalitica/status /18035 40381340148063?s=46&t=OsdDLmV1-gEAa4NCp5VfpQ

Sobre esta demanda, lo primero que debe observarse es que se trató de una acción de amparo constitucional intentada ante un Tribunal nacional, contra un Estado extranjero (que sería el "agraviante,") y específicamente contra sus acciones (sanciones internacionales, que serían los "actos lesivos") que son los que se alegan lesionarían los derechos e intereses de la Nación y de la República (que serían la parte "agraviada"); todo lo cual, por supuesto es completamente improcedente y disparatado. Pero lo insólito es que para proteger a los "agraviados" (la Nación y la República), contra los actos lesivos (sanciones internacionales) de la parte agraviante (los Estados Unidos y sus socios), lo que se pidió al Tribunal, como medida cautelar, supuestamente para evitar mayores daños y lesiones, fue suspender las elecciones presidenciales, que nada tienen que ver con todo ello.

La conclusión, frente a este disparate constitucional y legal, como lo apreció Nelson Chitty La Roche, es que, simplemente "les tienen miedo a las elecciones y hay algunos que se atreven a tamaño exabrupto."[204]

De todo lo dicho anteriormente, en todo caso, lo que resulta claro es que la elección presidencial anticipada prevista en Venezuela para julio de 2024, no es una elección más que se desarrolla en un país con un régimen democrático funcionando a cabalidad,[205] que admite y puede producir cambios radicales

---

[204] Véase la entrevista a Luis Salamanca y a Nelson Chitty La Roche, en: Olgalinda Pimentel: "Venezuela: Suspensión de elecciones puede prolongar mandato de Maduro, según experto. La petición de suspender las presidenciales en Venezuela vulnera la Constitución, Tratados internacionales y leyes del país, afirman analistas y abogado," en *Diario Las Américas*, 20 de junio de 2024, disponible en: https://www.diario-lasamericas.com/america-latina/venezuela-suspension-elecciones-puede-prolongar-mandato-maduro-segun-experto-n5358651

[205] Como lo observó Diego Arria: "Lo cierto es que Venezuela no participará este 28 de julio en un simple ejercicio electoral, sino en una auténtica batalla por la libertad, y sólo se alcanzará desalojando por completo a la narco tiranía chavista del poder," en "Venezuela y la sombra de un megafraude electoral," en *The Ojective,* 18 de julio de 2024,

en la orientación de los gobiernos, como por ejemplo ocurrió hace unos días en el Reino Unido o en Francia,[206] o como también ocurrió recientemente en Argentina, Chile o Brasil. Si así fuese, no habría voces como las del propio Presidente Lula da Silva de Brasil indicando que como "la normalización de la vida política en Venezuela significa estabilidad para toda Suramérica," esperaba que las elecciones venezolanas del 28 de julio se "desarrollen con normalidad," pidiendo que los resultados "sean reconocidos por todos."[207]

En Venezuela, aparte de que se trata de un proceso electoral excepcionalísimo que se ha venido realizando bajo el liderazgo de María Corina Machado[208], sin que se hayan garantizado

---

disponible en https://theobjective.com/elsubjetivo/opinion/2024-07-18/elecciones-en-venezuela/

[206] Por ello, con razón, Beatrice Rangel indicó que "la lección que viene de Europa para quienes habitamos la rivera este del océano Atlántico es que en Europa los problemas de la democracia los resuelve la propia democracia. Tanto en Inglaterra como en Francia el soberano ha creado una plataforma en la que sus lideres deben forzosamente recurrir al dialogo y a la negociación para alcanzar la gobernanza. Nadie habla de Asambleas Constituyentes, remociones de liderazgos o de modificaciones al marco democrático. Quizás por ello es por lo que han logrado tener democracia por tantos siglos." Véase Beatrice Rangel, "Del péndulo inglés al cubo de Rubik Francés," *Inter-American Institute for Democracy*, 8 de julio de 2024, disponible en: https://www.intdemocratic.org/es/del-pendulo-ingles-al-cubo-de-rubik-frances.html

[207] Véase "Lula pidió que los resultados de las elecciones en Venezuela sean reconocidos por todos," EFE, en *Morfema Press*, 9 de julio de 2024, disponible en: https://morfema.press/actualidad/lula-pidio-que-los-resultados-de-las-elecciones-en-venezuela-sean-reconocidos-por-todos/

[208] Como muy bien lo destacó Milagros Socorro, la desarrollada bajo el liderazgo de María Corina Machado ha sido una campaña electoral excepcional bajo todo punto de vista, totalmente inédita tanto por sus logros como por el nivel de bajeza y persecución por parte del régimen. Véase Milagros Socorro, "Una elección excepcional en 12 argumentos," en El Nacional, 17 de julio de 2024, disponible en: https://www.elnacional.com/venezuela/elecciones-venezuela-una-eleccion-excepcio

todas las condiciones y estándares para que las elecciones vayan a ser justas, libres, plurales, transparentes y controlables,[209] la realidad es que por la destrucción de todo orden que el régimen ha causado en el país durante los últimos 25 años, sea cual fuere la hipótesis que se desarrolle como consecuencia de las mismas, es decir, sea cual sea el resultado de las elecciones si es que las mismas llegan a efectuarse, o sea cual fuere el resultado de cualquier zarpazo contra las mismas que pudiese dar el régimen para

nal-en-12-argumentos/. Como elemento de persecución adicional, debe agregarse el secuestro del Jefe de seguridad personal de la candidata Machado. Véase la información "Detuvieron al jefe de protección de María Corina Machado," en *El Nacional*, 17 de julio de 2024.

[209] Por ello, en julio de 2024, como antes se dijo, el Alto Comisionado de las Naciones Unidas para los Derechos Humanos, en su "Informe sobre Situación de los Derechos Humanos en la República Bolivariana de Venezuela" (Quincuagésimo período de sesiones, Consejo de Derechos Humanos, 18 junio - 12 julio 2024), todavía alentaba "a las autoridades a adoptar medidas para garantizar que el proceso electoral sea plenamente transparente, inclusivo y participativo." Y en su exposición oral, "hizo un llamado a la liberación de todos los presos políticos, al cese de la práctica de desaparición forzada que se ha instalado en los últimos meses, al pleno respeto a las elecciones presidenciales del 28 de julio y a que se cumplan con los compromisos contraídos en el Acuerdo de Barbados, alentando a quienes están en el poder a la creación de espacios de confianza y para reconstruir el contrato social entre los venezolanos." Las cuarenta Delegaciones presentes "se enfocaron en comentar fundamentalmente sobre los derechos políticos y civiles, así como acerca del tema electoral enmarcado en el respeto al Acuerdo de Barbados, en particular la observación de la Unión Europea, las inhabilitaciones de representantes de la oposición y las irregularidades que el régimen ha venido cometiendo para entorpecer la participación de los votantes. Varias delegaciones advirtieron que sólo con elecciones libres y participativas donde se respete la voluntad de los venezolanos se podrá restablecer la confianza en el sistema político de Venezuela." Véase María Alejandra Aristiguieta, "El mensaje del Consejo de DDHH de la ONU", en *América 2.1*, 10 de julio de 2024, disponible en https://americanuestra.com/aristeguieta-el-mensaje-del-consejo-dedd -hh-de-la-onu/. Véase el texto del Informe en: https://view.officeapps.live.com/op/view.aspx?src=https%3A%2F%2Fwww.ohchr.org %2Fsites%2Fdefault%2Ffiles%2Fdocuments%2Fhrbodies%2Fhrcouncil%2Fsessions-regular%2Fsession56%2Fadvance-versions%2Fa-hrc-56-63-unofficiales.docx&wdOrigin=BROWSELINK.

impedir que se realicen, lo importante para el liderazgo democrático es que llegue a tomar efectiva conciencia de que el país está, en 2024, en uno de los momentos constituyentes de su historia, el cual, o se asume democráticamente para reconstituir el Estado Democrático y Social de Derecho Descentralizado, o nos arrollará y conducirá a otros derroteros como ha sucedido antes.

El régimen, para asegurar que la destrucción que ha provocado en todos los órdenes del país vaya a continuar, y para consolidarse aún más, aún en la hipótesis de que el candidato de la oposición González Urrutia gane la nominación presidencial, como lo reflejan todos los indicadores y por avalancha de votos,[210] ya ha anunciado, sin embargo, que no lo va a dejar gobernar. Para ello ha sentado inconstitucionales bases de su propia intención constituyente con el objeto de terminar de desmantelar el Estado Constitucional, y sustituirlo por un antidemocrático "Estado Comunal" anunciado y rechazado popularmente desde 2007,[211] para despojar a dicho Estado Constitucional de toda posibilidad de gobernar, mediante reformas de las Leyes del Poder Popular que ya habrían sido sancionadas, pero continúan en la clandestinidad, vaciando la propia normativa de la Constitución.[212]

---

[210] Véase el Editorial: "For Venezuela, a Ray of light. Give the opposition a free and fair election," *The Washington Post,* 10 de julio de 2024, disponible en: https://www.washingtonpost.com/opinions/2024/07/10/venezuela-opposition-resurgent/

[211] Véase Allan R. Brewer-Carías, *Estudios sobre el Estado Comunal o del Poder Popular. O de cómo se desconstitucionaliza al Estado, en fraude a la Constitución y a la voluntad popular*, Colección Biblioteca Allan R. Brewer-Carías, Universidad católica Andrés Bello, Editorial Jurídica Venezolana, Caracas 2021.

[212] Por ello, el comentario de Luis Manuel Aguana, citando a Omar Estacio (ver Omar Estacio, *La Patilla*, Fraude poselectoral vía los consejos comunales, en https://lapatilla.1eye.us/2024/07/11/omar-estacio-z-fraude-poselectoral-via-los-consejos-comunales/), ha recordado que

De nuevo, en mi criterio la alternativa en 2024, tal como ocurrió en 1998, es clara: o el liderazgo democrático asume democráticamente el momento constituyente e inicia un proceso constituyente para reinstitucionalizar la democracia, reconstruir el Estado de derecho, con los pilares fundamentales de la separación de poderes, la autonomía del poder judicial y la descentralización política del Estado en el marco de la Federación, para asegurar la participación ciudadana; o nos lo van a imponer ilegítimamente para ahogar definitivamente toda posibilidad de vuelta a la democracia.

Nueva York, 18 de julio de 2024

VERBA VOLANT, SCRIPTA MANENT

"esta estrategia de "vaciar" de atribuciones los cargos donde no resultan ganadores, ya la han aplicado en la Alcaldía Metropolitana de Caracas y las gobernaciones estratégicas del país, como la del Táchira. Ahora van por la Presidencia de la República a través de otro fraude, esta vez poselectoral." Véase Luis Manuel Aguana, "El 28J y el cáncer de la Revolución Bolivariana," 15 de julio de 2024, disponible en: https://ticsddhh.blogspot.com/2024/07/el-28j-y-el-cancer-de-la-revolu cion.html. Diego Arria, también considera que mediante esa reforma podría conducirá que los órganos del Poder Popular "asumirían todos los poderes del Estado y dejarían sin efecto el resultado y el significado de la elección presidencial del 28 de julio," en "Venezuela y la sombra de un megafraude electoral," en *The Ojective,* 18 de julio de 2024, disponible en https://theobjective.com/elsubjetivo/opinion/2024-07-18/elecciones-en-venezuela/